美好教育之道：
县域教育特色化发展研究

苗成彦　徐正烈　著

中国海洋大学出版社
·青岛·

图书在版编目(CIP)数据

美好教育之道：县域教育特色化发展研究 / 苗成彦，徐正烈著. —青岛：中国海洋大学出版社，2019.9
ISBN 978-7-5670-2472-4

Ⅰ.①美… Ⅱ.①苗… ②徐… Ⅲ.①县－地方教育－研究－中国 Ⅳ.①G527

中国版本图书馆 CIP 数据核字(2020)第 036302 号

出版发行	中国海洋大学出版社		
社　　址	青岛市香港东路 23 号	邮政编码	266071
出 版 人	杨立敏		
网　　址	http://pub.ouc.edu.cn		
电子信箱	369839221@qq.com		
订购电话	0532—82032573(传真)		
策划编辑	韩玉堂	电　话	0532—85902349
责任编辑	赵　冲		
印　　制	日照报业印刷有限公司		
版　　次	2020 年 5 月第 1 版		
印　　次	2020 年 5 月第 1 次印刷		
成品尺寸	170 mm×230 mm		
印　　张	11.25		
字　　数	200 千		
印　　数	1～2500		
定　　价	39.00 元		

发现印装质量问题，请致电 0633—8221365，由印刷厂负责调换。

前　言

　　进入新时代,中国实现了从站起来到富起来,再到强起来的转变。党的十九大报告提出了"两步走"的战略目标,即到2035年,基本实现现代化;到21世纪中叶,在基本实现现代化的基础上,把我国建成富强民主文明和谐美丽的社会主义现代化强国。建设现代化强国,教育是基础。习近平总书记明确指出:"建设教育强国是中华民族伟大复兴的基础工程,必须把教育事业放在优先位置。"在2018年9月召开的全国教育大会上,习近平总书记指出"教育是国之大计、党之大计",高度概括了教育在党和国家事业发展全局中的战略地位和关键作用,尤其是首次提出教育是"党之大计",这是对中国特色社会主义教育的新定位,是党的理论和党的教育思想的新发展。可以说,建设富强民主文明和谐美丽的社会主义现代化强国的根本和关键,在于推进社会主义教育现代化强国的建设,促进人的现代化。这就要求必须加强区域教育特色化发展,深化基础教育综合改革,推进教育治理能力和治理体系现代化,促进基础教育优质均衡发展,进而促进人的全面发展,确保立德树人根本任务落实落地。

一

　　为适应时代发展的新形势、新要求,山东省决策者把"山东省推进县域教育特色化发展研究"确立为"十二五"教育科学规划重大招标课题,将"推进县域教育特色化发展"作为山东省推进基础教育综合改革的重要抓手,坚持以重大课题研究为载体,坚持"省级统筹,县域主导"的推进机制,深入探索区域教育特色化发展的内涵、规律、策略和路径。为此,我们课题组通过选择发达地区及欠发达地区的区县、学校作为实验样本,总结提炼形成具有普遍性、典型性、可推广的理论与实践成果,在全省推广,进而推动教育现代化强省建设。

　　基于山东这样一个人口大省、文化大省、经济大省,而且是地区差异很大的省份,如何实现教育强省,进而建成现代化强省?习近平总书记指出要"发展具有中国特色、世界水平的现代教育",这对中国办什么样的教育做出了明确的定位。课题组研究分析得出的结论是,山东必须立足本省优势,牢牢坚持以习近平新时代中国特色社会主义思想为指导,全面开启新时代教育现代化新征程。

要开启这个新征程,必须推进区域教育特色化发展,整体推进教育优质均衡发展,不断满足人民群众日益增长的对美好教育的需求。

我们课题组认为,实现美好教育,促进人的全面发展是人类最崇高的理想。促进人的全面发展,教育是根本途径,是检验是否办好人民满意教育的根本尺度。为什么山东省应坚持"以县为主"推进教育特色化发展战略呢?首先,这与现在"省级统筹、县域主导"的基础教育管理体制相一致;其次,以县为主推进区县教育特色化发展,充分体现对县域历史文化传统、经济社会文化特点、教育传统、人才优势、风俗习惯等方面的尊重,能够较为准确地反映县域教育发展规律,具有地域、行政的近缘性,能在省域统筹下集中力量整体推进教育特色化发展,最大限度地促进区域优质均衡教育,不断满足人民群众对优质教育的需求。

为了确保课题研究成果的科学性、实效性,课题组坚持以马克思主义关于人的全面教育思想为指导,深刻把握时代脉搏和国际国内发展的新要求,综合分析县域教育特色化发展相关因素,抓住教育特色化、美好教育、全面发展、因材施教、适合的教育、教育基本矛盾、教育主要矛盾、教育现代化以及体制机制、管办评分离、校长职级制、综合评估、文化建设、课程体系等关键因素,围绕这些因素之间的关系、发展规律、发展策略和路径等,进行了深入研究、论证与实验。

本课题研究主要沿着"人的全面发展—新时代教育特征—基本矛盾和主要矛盾—适合的教育(因材施教)—学生优势潜能和个性兴趣、爱好的充分发展—教育现代化—教育特色化发展—人民满意的教育—美好教育"这个逻辑线索,逐步提炼形成"省域统筹、县域主导,规划引领、项目推进"的区域教育特色化发展模式。研究过程及成果如下图所示:

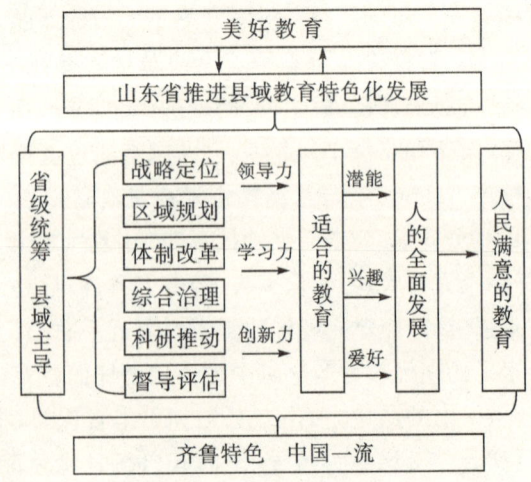

二

中国社会进入了新时代,这个时代是我们最接近实现伟大中国梦的时代。对于教育而言,也同样进入了新时代,我国教育正从基本均衡发展目标的实现向优质均衡发展目标的跨越。可以说,我们的教育也是最接近实现"有教无类、因材施教"伟大教育梦想的时代,中国千百年来的夙愿正在变为现实。

进入新时代的根本标志是基本矛盾的变化,由原来的"人民日益增长的物质生活的需要与落后生产力之间的矛盾"发展为"人民日益增长的对美好生活的需要与不平衡不充分发展之间的矛盾"。在这个阶段,人民群众不仅需要全面发展,更需要多样化发展、个性化发展和可持续发展。"教育发展已经进入新阶段,其主要矛盾已经从规模增长转变为质量提升。"①

矛盾的变化在教育领域体现为,人民日益增长的对教育更高水平、更高质量和更加多样的需求与不平衡不充分的教育发展之间的矛盾已经成为教育面临的主要矛盾。教育发展的不平衡不充分,主要体现在以下几个方面:区域教育发展不平衡、各教育层次发展不平衡、校际发展不平衡、人际发展不平衡等。从现代化要素分析,不平衡不充分主要体现在物质层面、精神层面和制度层面。面对主要矛盾和基本矛盾的变化,我们必须主动适应新时代教育发展从大到强的新趋势、新特点和新需求,建立"投资人就是投资于质量"的新的发展观。

现代化的教育一定是适合的教育,倡导适合的教育理念,发展适合的教育,就是要致力于解决过去没有解决或者没有解决好的问题以及在教育发展过程中出现的新问题,解决好人民群众对更好教育的需求与教育发展不平衡不充分之间的矛盾和问题。因此要加快创造适合每个人的教育,努力促使不同性格禀赋、不同兴趣特长、不同素质潜力的学生都能接受符合自己成长需要的教育,都能因此而得到充分发展、和谐发展、全面发展和可持续发展。

为适应这一要求,基础教育必然要实现由规模发展向内涵发展转变,由"同质化"教育向特色化发展转变。有研究者认为:一是特色学校凸显优质性,是优质教育资源的重要组成部分;二是特色学校凸显独特性,可以较好地满足个性化教育的需求;三是特色学校走内涵式发展的道路,有利于增大优质教育资源。一句话,推进县域教育特色化发展,是一个区域办好人民满意教育的根本路径,是解决不平衡不充分发展之间矛盾和问题的关键策略,也是促进人的全面发

---

① 高书国.新时代中国教育典型特征与发展策略[N].中国教育报,2017-09-11(12).

展、实现个性兴趣特长和潜能优势充分发展的必由之路,这正是我们所说的"美好教育之道"。

什么是美好教育?美好教育的内涵价值是什么?怎样实现美好的教育?

美好教育就是实现教育的美好。研究认为,美好教育首先是一种理念,它坚持的是以人民为中心的理念,它不是一种固化的办学模式;其次,美好教育是一种生活方式,它追求的是终身学习,伴随终身学习的是终身教育,教育伴随人的一生;第三,美好教育要做到"有教无类",不分性别、不分城乡、不分地域、不分贫富、不分民族,人人都得到教育;第四,美好教育要促进人的潜能充分发挥;第五,美好教育具有开放性。总之一句话,美好教育一定是适合的教育。

从国家层面来讲,美好教育就是遵循人类社会发展规律,构建"人人皆学、处处能学、时时可学"的终身学习环境,构建各级各类教育协调发展的教育机制,构建合理的教育结构。从教育自身来讲,美好教育就是实现教育的美好,它要遵循教育规律,构建因材施教的培养体系,创造适合学生发展的教育,促进人的潜能充分、全面发展。从个体成长来讲,美好教育就是遵循个体成长规律,激活个体内心对美好事物的主动追求,激发每一个学生不断自我成长与发展,最终达到"生命质量、精神格局、人格境界的丰满"。这不仅是美好教育的根本目标,也是教育现代化的应有之义。

人的现代化是教育现代化的本质。人民日益增长的更高水平、更高质量和更加多样的教育需求与不平衡不充分的教育发展之间的矛盾得到有效解决,直接体现着人民对美好生活的实现,也是人的现代化发展目标的实现。《中国教育现代化2035》提出了八个"更加注重"的基本理念,即以德为先、全面发展、面向人人、终身学习、因材施教、知行合一、融合发展、共建共享。这其中"全面发展、面向人人、因材施教、知行合一、共建共享"理念,正是美好教育所遵循的基本原则。以县域为主导,推进教育实现特色化发展,更能体现八个"更加注重"的基本理念。

推进"省级统筹,县域主导"的区域教育特色化发展,要遵循八个"更加注重"的基本理念,深化基础教育综合改革,应注重实现"五个转变"。一是发展重点的转变,即由规模扩张向更加关注结构优化转变。要推动教育区域结构、类型结构、学科结构等各项结构要素的调整和优化,使之逐步成为教育改革决策的主要着眼点。二是发展方式的转变,即由注重刚性保障向更加关注弹性供给转变。要改变硬性的、不留余地的教育供给方式,在优化教育结构中更多地形成与弹性需求相适应的教育供给方式。三是发展需求的转变,即由注重达标考核向更加关注特色品牌转变。要在基本条件、基本规格、统一要求得到总体满足的基础上,更加重视突出特色和打造品牌。四是发展取向的转变,即由注重学校建设向更加关注学生成长转变。要把更多的资源要素投射到学生性格禀赋、兴趣特长、素质潜能的开发上,使学生能够接受符合自己成长需要的教育。五是发展评价的转变,即由注重水平高低向更加关注人民满意转变。要继续努力使每个人不分性别、城乡、地域、贫富、民族等都能接受良好教育,让学习成为每个人的生活习惯和生活方式;要更多关注使教育选择更多样、成长道路更宽广,把人民群众获得感作为教育改革评价的重要导向。

实现县域教育特色化发展,最终要通过特色学校建设来落实。特色学校是基础教育的一项整体性的学校发展战略,实现中小学校的特色化发展是对于学校教育教学的整体改革设计,具有长期性和系统性。因此,特色学校的创建必须进行整体的、系统的科学规划和设计。

推进以县为主推进特色学校建设,如何进行整体系统规划和设计呢?张拥军指出,特色学校建设需要做到"四个一致":①上下一致。一是特色学校建设需要赢得上级主管部门的理解和支持;二是特色学校建设不要停留在校长的脑中,要转化为全体师生的共同意志,落实到具体实践中。②前后一致。这是指特色学校建设是一个长期的过程,必须遵从学校的历史、现实和未来发展的趋势,这就需要不断地提炼、固化、传承、创新。③内外一致。这是指特色学校建设必须符合时代的要求、社会的要求,教育不是孤立于社会之外的,而是源于生活又能引领时代前进的。这种文化的内核应该最终体现为促进人的个性发展。④硬件和软件的一致。软件是管理和师资队伍,硬件是学校的设施设备以及装饰美化。特色学校建设是一种内涵发展,但是离开了一定的物质基础,发展还是会受很大影响的。同时,学校的物质文化有时也是精神文化外显的有效载体。

三

当前,山东推进教育现代化强省建设的美好蓝图已经绘就,大力推进县域教育特色化发展研究号角已经吹响,实现美好教育的伟大梦想指日可待。对于山东而言,建立了"省级统筹、县域主导"的推进机制,有了"齐鲁名校长名师"建设资源,优秀齐鲁文化和沂蒙精神蕴含的教育特色资源正在提炼形成,这为山东省推进县域教育特色化发展的实践奠定了坚实基础。为此,我们课题组建议:山东省决策部门应在山东这个教育大省确立"齐鲁特色、中国一流"的教育特色定位,通过教育现代化建设,解决教育基本矛盾和教育主要矛盾,全面建设齐鲁教育特色品牌。要坚持"创新、协调、绿色、开放、共享"的理念,按照整体、协同、创新的原则,加强供给侧结构改革,以校长职级制和管办评分离改革为突破口,全面推动教育治理能力和治理体系现代化,为县域教育特色化发展和特色学校建设提供发展平台,创造适合每个学生发展的教育,进而促进人的全面发展。

我们在分析文献资料基础上,研究得出如下结论:建设美好教育,推进县域教育特色化发展,要求县区教育行政部门依据"标准化、信息化、法治化"三个标准,按照"顶层设计、规划引领、项目推进、校本试验"推进策略,着力抓好"管理、文化、课程、教学、活动"等路径,加快推进区域教育现代化进程。这就要求各县区教育局局长拥有教育长远发展的定力,用心练好"定好规划、抓好校长、用好资源、搞好管理、营造环境"等"五功",深化体制机制改革,以校长职级制改革为抓手,切实实行管办评分离,真正落实学校办学自主权。同时,推进县域教育特色化发展,县区教育行政部门各科室要密切配合,形成合力,按照"决策、课题、文化建设、课程教学、队伍建设、宣传、评估认定"搞好分工协作,逐步形成"以地市为枢纽,以省级统筹、县域主导"的纵横联合推进机制,全面撬动县域教育特色化发展改革工程。

对于各县区,应依据全省"齐鲁特色、中国一流"这个教育特色定位,统领各具特色的区域教育特色定位,以县为主统筹人力、物力、财力,转变教育发展方式,如改革经费分配制度,实现从"基于供给"到"基于需求"的转变,推行项目带资金的拨款方式,有重点、分步骤地整体推进学校特色化发展,推动区域特色建设实现从项目研究到战略突破的转变,努力实现教育现代化强省战略目标,不断满足人民群众日益增长的对美好教育生活的需求。这是党和人民交给教育工作者的重任,也是时代发展的要求。

对于每所学校,其特色定位要源于对学校的历史、现状、未来的深刻了解、全面分析和整体规划,在县域特色发展中找准自己的生态位,并且采用优势分析、差异定位、品牌凝聚等方式做优特色,形成个性。

例如,临沂市沂南县依据诸葛亮文化资源优势,提出了县域整体推进"智慧教育"的办学特色,确立了"书香沂南、智慧教育"核心办学理念,形成了"全人教育""智慧教育""公民教育""红色教育"等特色学校群发展的办学格局。临沂市兰山区、罗庄区、莒南县发挥当地"沂蒙文化""圣贤文化""红色文化""沂蒙精神"等教育文化资源优势,推进学校特色建设在认识学校文化传统、认识风土文化基础上,确立并提炼了不同的学校特色,逐渐形成"圣贤教育""美好教育"等特色品牌。

  做到一个省域每一个县区及每一所学校,都能坚持以人民为中心的办学思想,从人民群众对美好生活的需求出发,根据当地政治经济社会发展的实际,充分发掘当地传统文化优势,科学确立区域(学校)办学特色和战略定位,深入推进教育综合改革和教育治理能力及治理体系现代化,实行"管办评分离"改革,将办学自主权落到实处。山东省推进教育特色化发展的"省级统筹、县域主导"机制,以及"百花齐放、万紫千红"的特色发展局面必定形成,人民对美好教育的梦想和人民满意教育的伟大目标一定能够实现。

作者

2019 年 12 月

目 录

第一章 美好教育战略选择 … 1

第一节 美好教育的历史缘起 … 1
一、新中国基础教育发展的重要阶段 … 1
二、教育特色化发展：美好教育的战略选择 … 3

第二节 美好教育的内涵界定 … 4
一、什么是美好教育 … 5
二、教育特色化发展 … 6
三、县域教育特色化发展 … 7

第三节 美好教育的功能价值 … 8
一、破解当前教育的主要矛盾 … 8
二、凸显立德树人根本任务 … 10
三、办好人民满意的教育 … 12

第四节 美好教育的形态 … 15
一、美好教育一定是以人为本的教育 … 16
二、美好教育一定是遵循教育规律的教育 … 16
三、美好教育一定是素质教育 … 17
四、美好教育一定是有美感的教育 … 19

第二章 美好教育实现依据 … 21

第一节 理论依据 … 21
一、马克思关于人的全面发展教育理论 … 21
二、孔子因材施教思想 … 22
三、加德纳多元智能理论 … 23
四、全人教育理论 … 25

第二节　政策依据 …………………………………………… 27
第三节　实践依据 …………………………………………… 32
　　一、发达地区典型经验 …………………………………… 32
　　二、欠发达地区实践探索 ………………………………… 36
　　三、推进教育特色化发展的山东县区探索 ……………… 39

第三章　美好教育战略规划 …………………………………… 42
第一节　美好教育规划基础及其实现条件 ………………… 42
　　一、美好教育愿景基础分析 ……………………………… 43
　　二、美好教育规划需要建立科学标准 …………………… 48
第二节　美好教育发展规划与设计 ………………………… 58
　　一、美好教育规划要有文化战略意识 …………………… 58
　　二、美好教育规划要把握时代脉搏 ……………………… 61
　　三、美好教育规划的依据与原则 ………………………… 67
第三节　美好教育规划任务与实施 ………………………… 70
　　一、县域美好教育定位及特色化发展类型 ……………… 70
　　二、县域行政推动学校特色发展规划的路径与任务 …… 74

第四章　美好教育推进策略 …………………………………… 83
第一节　推进县域教育综合改革 …………………………… 83
　　一、县域教育综合改革的必要性 ………………………… 83
　　二、教育改革发展存在的问题 …………………………… 86
　　三、教育综合改革发展的阶段特征 ……………………… 92
　　四、县域教育综合改革的任务 …………………………… 94
第二节　县域教育特色化发展的资源建设 ………………… 98
　　一、当前县域教育存在的问题 …………………………… 98
　　二、教育人力资源建设 …………………………………… 99
　　三、特色课程资源建设 …………………………………… 105
　　四、制度资源建设 ………………………………………… 108
第三节　县域教育特色学校群打造 ………………………… 110
　　一、树立特色品牌原则 …………………………………… 110

二、县域教育特色学校群的要素与特征 ………………………… 112
　　三、县域教育特色学校群的建设思路与流程 …………………… 116
　　四、建设县域教育特色学校群的保障机制 ……………………… 119

第五章　美好教育评价导引 ………………………………………… 122
第一节　生命质量的教育评价体系构建 ……………………………… 122
　　一、引入发展性教育评价思想 …………………………………… 122
　　二、美好教育评价的价值取向 …………………………………… 125
　　三、美好教育评价回归专业本位 ………………………………… 129
第二节　美好教育评价的多维构建 …………………………………… 134
　　一、美好教育评价要确立系统思维 ……………………………… 134
　　二、构建"以学论教"的三维互动评估模式 …………………… 139
第三节　基于特色化发展的评估机制构建 …………………………… 142
　　一、基于校本发展的特色化发展评价 …………………………… 143
　　二、美好教育市县（区）联动评价改革的关键 ………………… 152
　　三、构建内生性增长式学校评价机制 …………………………… 156
　　四、美好教育评价改革建议 ……………………………………… 160

参考文献 ……………………………………………………………… 162

后记 …………………………………………………………………… 164

第一章 美好教育战略选择

既然"人民对美好生活的向往就是我们的奋斗目标",那么,"人民对美好教育的向往",应该成为教育的崇高追求。党的十九大报告指出,中国特色社会主义进入了新时代。中国特色社会主义教育也进入了新时代。发展具有中国特色、世界水平的教育,建设教育强国,是未来中国教育发展的总任务。① "建设教育强国",第一次被写入中国共产党中央全会报告,成为全党和全国人民的奋斗目标,这是党中央发出建设教育强国的动员令,这是教育在中华民族伟大复兴中的新定位、新使命。建设教育强国是美丽中国建设的重要基础,也是美好教育的核心追求。美好教育的"前世今生"到底怎样? 美好教育的功能价值何在? 在探寻基础教育发展三个阶段的过程中,我们发现,推进县域教育特色化发展,是义务教育发展的更高阶段,也是走向美好教育的战略选择。

第一节 美好教育的历史缘起

我国基础教育的改革与发展,体现了开启新时代、奠基新发展的历史特征。自1985年以来,我国基础教育改革就处在不断发展中。党的十八大以来,基础教育政策的"四梁八柱",已经在深化改革的过程中逐步形成。我们研究教育特色化发展,就必然要追根溯源。

一、新中国基础教育发展的重要阶段

新中国基础教育的发展,大体分为三个阶段。

一是重点发展阶段。中华人民共和国成立以来,就把基础教育作为一项大政来抓。1954年9月20日,第一届全国人民代表大会第一次会议通过的《中华人民共和国宪法》第94条规定:"中华人民共和国公民有受教育的权利。"国家设立并且逐步扩大各种学校和其他文化教育机关,以保证公民享受这种权利,

---

① 高书国.新时代中国教育典型特征与发展策略[N].中国教育报,2017-09-11(12).

国家特别关怀青年体力和智力的发展。第95条规定："中华人民共和国保障公民进行科学研究、文化艺术创作和其他文化活动的自由,国家对从事科学、教育、文学、艺术和其他文化活动的公民的创造性活动,给予鼓励和帮助。"在这一教育宗旨和相应原则的指导下,新中国成立初期我国的基础教育有明显的发展,呈现出的最大特点就是普及。1951年,教育部召开第一次全国初等教育及师范教育会议,会议明确指出,从1952年开始,争取十年内基本普及小学教育。1957年11月,中共中央文教小组召开省市文教听证会议,会议强调,采取办全日制、二部制、复式小学等各种办学的方法,力争在第二个五年计划期间普及小学教育。在第三个五年计划期间,通过办全日制、二部制、农业中学、业余中学、广播学校等途径,力争普及中学教育。在教育事业的发展上要抓两头,一头是办重点学校,另一头是抓好普及教育,并要制定教育发展的长远计划。2001年,国家宣布"中国实现了基本普及九年义务教育和基本扫除青壮年文盲",这标志着普及教育的目标初步实现,素质教育开始全面推进。

二是义务教育阶段。2002年,国务院办公厅下发了《关于完善农村义务教育管理体制的通知》,提出了"实行在国务院领导下,由地方政府负责、分级管理、以县为主"的农村义务教育管理体制。随着体制的逐步建立和完善,改变了农村九年制义务教育主要由乡、村两级举办,尤其是主要靠农民群众出钱出力举办的局面,义务教育逐步走向了以政府办学为主的道路。

随着经济社会的快速发展,我国教育取得了巨大成就,已经从文盲大国转变为教育大国,从人口大国转变为人力资源大国。2006年6月29日,新修订的《中华人民共和国义务教育法》,经第十届全国人民代表大会常务委员会第二十二次会议通过后颁布实施。自2006年9月开始,农村义务教育实行免除学杂费、提供免费教科书和贫困寄宿生补贴制度;之后,又将优惠政策扩展到城镇地区。各级政府不断完善教育投入体制,财政性教育经费逐年增加,非义务教育成本分担和多渠道筹资制度基本建立,这标志着我国已经进入了义务教育阶段。到2011年,全国所有省份都通过了国家"普九"验收,从根本上解决了适龄儿童"有学上"问题。

三是均衡发展阶段。随着义务教育的全面实施,我国教育发展步入新的历史起点,进入全面提高质量、促进公平、努力让孩子上好学的新阶段,实现了从教育大国到教育强国的战略转变。2010年5月,国务院审议通过的《国家中长期教育改革和发展规划纲要(2010—2020年)》提出:推进义务教育均衡发展,建立健全义务教育均衡发展保障机制;推进义务教育学校标准化建设,均衡配置教师、设备、图书、校舍等资源,切实缩小校际差距,着力解决择校问题。均衡,成为这一时期教育发展的显著标志。

"义务教育均衡发展"是我国基础教育改革的一个基本理念和战略选择。它对于深化基础教育改革，全面提高基础教育质量，满足全体人民群众特别是所有青少年儿童基本学习要求，促进教育公平乃至社会公平在基础教育领域内的充分发展，都具有十分重要的意义。

义务教育均衡发展的指导思想是：全面贯彻党的教育方针，全面实施素质教育，遵循教育规律和人才成长规律，积极推进义务教育学校标准化建设，均衡配置教师、设备、图书、校舍等资源，努力提高办学水平和教育质量。义务教育均衡发展的实施策略是：加强省级政府统筹，强化以县为主管理，建立健全义务教育均衡发展责任制。义务教育均衡发展的实施原则是：总体规划，统筹城乡，因地制宜，分类指导，分步实施，切实缩小校际差距，加快缩小城乡差距，努力缩小区域差距，办好每一所学校，促进每一个学生健康成长。

二、教育特色化发展：美好教育的战略选择

推进县域教育特色化发展，是义务教育均衡发展的更高阶段，也是走向美好教育的必然选择。有关数据显示，到2018年，92.7%的县级单位实现了义务教育基本均衡，16个省份整体通过国家认定。2018年4月13日，教育部启动了教育信息化2.0行动，大力推进教育信息化建设，努力构建"互联网＋教育"服务模式，期望让更多孩子共享更加优质的教育资源。

随着义务教育的均衡发展，教育公平得到落实，教育已经从"人人有学上"走向"人人上好学"。但在基础教育领域，仍面临着诸如"片面追求升学率"等问题，这就使得教育均衡目标无法全面达成。例如，虽然均衡配置了教师、设备、图书、校舍等教育资源，切实缩小了校际差距，也基本解决了择校问题，但在师资水平、教学风格等方面，学校之间仍然存在着不均衡。只要升学率还在，校际竞争仍然不可避免。

美国心理学家加德纳的"多元智能"理论告诉我们，人的智能结构是多元的，每个人都有自己的优势发展领域。但现实是，学校的教育资源没有实现多元化配置。在同一所学校，用同样的教育资源，很难保证每一个人的优势都能充分发挥出来。要解决因升学率而导致的不均衡问题，只有推进学校特色化办学。承认学生间的差异，尊重并鼓励差异发展，才能真正办好人民满意的教育。

党的十九大报告对我国社会主要矛盾做了新的界定，确定建设教育强国是中华民族伟大复兴的基础工程。办更美好的教育，既是破解新的主要矛盾的治本之策,也是满足人民群众美好生活需要的应有之义,更是教育发展到一定阶段的内在之需。均衡发展不是教育发展的最终目标,而是实现美好教育的必要手段。

从宏观层面讲,国家教育经历了重点发展、均衡发展,正在走向特色发展;从微观层面讲,学校教育经历了正规化发展、优质化发展,正在走向特色化发展。县域教育特色化发展,介于这两个层面之间,上承国家战略,下启学校策略,地位特殊,意义重大。

整体推进县域教育特色化发展,符合国家"以县为主"的管理体制。总结县域推进学校特色化建设的先进经验,对于实现县域教育综合改革的整体突破,具有重要的意义。加强以县域为单元整体推进教育特色化发展研究,有利于发挥政府统筹协调优势,能为一定区域内绝大多数学生的潜在优势、兴趣、爱好的发展,提供较为理想的条件和机会。同时,发挥好区域内特色发展的统筹规划和通盘协调,有利于突破一所学校难以满足所有学生的潜在优势和不同兴趣爱好的限制,有利于政府在区域内建立起特色学校发展协作体及相应的保障制度和协同性教育资源支持条件。

与其他领域的改革一样,我国教育改革已经到了必须攻坚克难的重要时期。要想克服教育顽疾,带动基础教育持续健康发展,真正办出让越来越多人满意的高水平基础教育,必须适时调整基础教育发展思路,努力建立独特的管理模式和校园文化,为学生的优势潜能和兴趣爱好的发展提供优质教育资源,从而真正把推进基础教育的特色化建设落到实处。

我们承担的课题《山东省推进县域教育特色化发展研究》,历经三年持续研究,视野不断开阔,思考不断深入,成果不断呈现。通过研究,我们深深感到,美好教育,是中国教育必然的战略选择;推进教育特色化发展,是教育发展走向美好的必然趋势。

第二节 美好教育的内涵界定

美好教育是一种理念,是一种生活方式;美好教育是"有教无类"的教育,是促进人的潜能充分发挥的开放性的教育,是适合的教育。我们借助县域推进教育特色化发展,更好地推进教育公平,更好地解决人民群众对美好教育的要求与教育发展不平衡不充分之间的矛盾与问题。

一、什么是美好教育

习近平总书记在全国教育大会上指出,必须坚持以人民为中心发展教育,努力让每个人享有受教育的机会,获得发展自身、奉献社会、造福人民的能力。要加快建成伴随每个人一生的教育,让学习成为每个人的生活习惯和生活方式,实现人人皆学、处处能学、时时可学;要加快建成平等面向每个人的教育,努力使每个人不分性别、不分城乡、不分地域、不分贫富、不分民族,都能接受良好教育;要加快建成适合每个人的教育,努力使不同性格禀赋、不同兴趣特长、不同素质潜力的学生,都能接受符合自己成长需要的教育;要加快建成更加开放灵活的教育,努力使教育选择更多样、成长道路更宽广,使学业提升通道、职业晋升通道、社会上升通道更加畅通。

第一,美好教育是一种理念,它坚持的是以人民为中心的理念,它不是一种固化的办学模式;第二,美好教育是一种生活方式,它追求的是终身学习,伴随终身学习的是终身教育,教育伴随人的一生;第三,美好教育要做到"有教无类",不分性别、不分城乡、不分地域、不分贫富、不分民族,人人都得到教育;第四,美好教育要促进人的潜能充分发挥;第五,美好教育具有开放性。总之,美好教育一定是适合的教育,是一种具有美好生活特征、升华了的具有文化性品质的教育。

美好教育生活有哪些基本特征?冯建军认为包括以下五方面。

第一,个体性与公共性的统一。生活是每个人的生活,美好生活是每个人的生活体验。同样,每个人的美好生活是社会美好生活的条件,社会的美好生活就是所有人的美好生活。因此,新时代美好教育生活不是某个人的,是由每个人构成的人民的美好教育生活。美好生活是个体性与公共性的统一,个体性是前提,公共性是追求。新时代美好教育生活坚持以人民为中心,满足人民对优质教育的需要。

第二,人本性与社会性的统一。教育生活以人为本,以人的生活为根基;既与他人的生活相联系,也与其他社会生活相联系。因此,美好教育生活是人本性与社会性的统一。

第三,多样性与一致性的统一。美好生活是基于个人的体验,个人不仅具有个体的差异,而且还有阶层、群体身份的差别,具有多样性和差异性。同时,每个时代、每个国家的人民对于美好都有某种共同的价值追求,对于"何为美好"有着共同的认识,这些构成了美好生活的一致性。

第四,现实性与未来性的统一。美好生活不是一种幻想,而是一种现实的感受,人们只能在美好生活中体验生活的美好。在这个意义上,美好生活是基于现实生活的主观感受,具有现实性。同时,美好生活没有完成时,只有进行时;没有最好,只有更好。美好生活永远面向未来,对美好生活的追寻永无止境。

第五,客观性与主观性的统一。产生于现实的美好生活,是客观的。但美好生活又是个人或群体对于生活状况的积极体验,既与客观生活条件有关,也与个人对美好生活的期待有关,是个人对于美好生活的主观建构,具有主观性。美好生活的客观性源于其现实性,正因为美好生活具有客观性,所以,美好生活才可能具有一致性和公共性。美好生活的主观性源于美好生活的个体性,正因为美好生活是个体的主观体验,所以,美好具有多样性和差异性。①

因此,美好教育就是遵循人类社会发展规律,具有优美终身学习环境、协调发展的教育机制和合理的教育结构的优质教育。美好教育也是实现教育的美好,符合教育规律、因材施教培养体系,适合学生发展,促进人的潜能充分、全面发展的教育。同时,美好教育也是符合个体成长规律、激活个体内心对美好事物的主动追求,激发每一个学生不断自我成长与发展的教育,最终达到"生命质量、精神格局、人格境界的丰满"。

二、教育特色化发展

《中国教育改革和发展纲要》明确指出:"中小学要由'应试教育'转向全面提高国民素质的轨道……促进学生生动活泼地发展,办出各自特色。"由此可见,实现美好教育唯一可行的路线,就是特色化发展。学校特色化发展,是教育改革的需要,是素质教育的需要,是学生发展的需要。学校特色化发展,有利于学校挖掘潜能并基于自身"差异"谋求生存与发展,有利于促进教育均衡优质发展,有利于实现城乡教育统筹发展的目标,办人民满意的教育。

所谓特色,就是在个性的基础上形成的、具有普遍意义的、社会公认的个性特征,特色是个性化的集中体现。

教育特色化发展,就是在办学方面有自己的理念、思路和独特的举措,为师生所认同,在教育现代化过程中逐渐形成的、具有本地区或同类学校中所不同的、大家公认的个性特点。特色建立在对于社会需求的回应上。一方面,特色发展很好地适应了社会科学发展的要求;另一方面,特色发展适应了社会对教育的期望,特色学校的教育质量尤其是特色领域的教育质量高于一般学校。只

---

① 冯建军.新时代美好教育生活及其创造之路[J].中国教育学刊,2018(12):43-48.

有教育特色化发展,才能满足家长对教育均衡不断上升的需求,实现学校对教育均衡的高水平供给,满足学生对教育多样化的需求。要实现教育特色化,就应当理清教育特色化的目标、拓展学生个性全面发展的空间、营造学生个性全面发展的氛围、夯实学生个性全面发展的基础。①

学校特色化发展的实质,是学生个性的全面发展。学校特色化建设,可以从教育目标、教育内容、教育改革和教育管理等多个角度切入。但不论从何处入手,学校特色化发展的实质在学生,其他方面的特色,都要为学生个性全面发展服务。

特色化学校存在的价值,就在于培养有个性的人,其目的是使儿童少年的个性获得发展。真正的特色学校,不仅是在某一个方面或某几个方面与众不同,而是全面地显示其卓越性,学生也不只是在一个或某几个方面展现出其出类拔萃的素质,而是全面地展现素质水平。因此,真正意义上的特色学校,不是在某些方面有特色,而是在整体上、综合性地体现出特色,即使就其中任意一个个别方面来说,学校也都应该是特色鲜明的。②

三、县域教育特色化发展

县域教育特色化发展,就是教育行政主管部门整体规划,统筹协调,领导和组织县域内所有中小学,为实现目标而开拓进取所形成的、具有地域鲜明特点的办学模式。县域教育特色化发展,有利于突破一所学校难以满足所有学生潜在优势和不同兴趣爱好的限制,有利于政府在区域内建立起特色学校发展协作体以及相应的保障制度和协同性教育资源支持条件。

县域是重要的教育发展单元与教育治理单元。在我国历朝历代中,县域都是一个重要的治理单元。目前,县域是我国经济、社会、政治、文化等功能比较完备的行政区划单元。县域经济是国民经济的基层经济,也是国民经济发展的基本支柱和统筹城乡经济社会发展的关键环节。整个国民经济活动的各项指标,在一个县区的范围内基本都可以得到反映。就教育管理体制而言,我国基础教育管理"以县为主",县域在促进教育发展中起到举足轻重的基础性作用。

---

① 林藩,黄丽萍.教育特色化:向高水平均衡迈进[J].教育科学研究,2012(4):38-40.
② 邬志辉.学校特色化发展的重新认识[J].教育科学研究,2011(3):26-37.

第三节　美好教育的功能价值

我们知道,获得完整健全的人格,以及在困难条件下最大可能地实现生活的意义,是价值教育的理论导向。学会过美好生活,获得人生的终极幸福,离不开时代价值教育的引领。只有破解当前教育的主要矛盾,搞好教育的供给侧改革,努力办人民满意的教育,美好教育才能以一种审慎的、明确的价值确立来发挥关键性作用。

一、破解当前教育的主要矛盾

中国特色社会主义进入了新时代,这是我国发展新的历史方位。党的十九大报告对我国社会主要矛盾做了新的界定,指出我国社会的主要矛盾,已经变成了人民日益增长的美好生活需要和不平衡不充分的发展之间的矛盾。随着我国社会主要矛盾的变化,我国教育发展面临的主要矛盾也已发生变化,人民日益增长的更高水平、更高质量和更加多样的教育需求,与不平衡不充分的教育发展之间的矛盾,已经成为当前教育面临的主要矛盾。

从现代化要素分析,不平衡不充分主要体现在物质层面、制度层面和精神层面。首先,物质层面。较高水平的物质条件是教育现代化的基本条件。目前,我国教育的基础条件投资不充分,在教育经费、师资保障、校舍条件和信息化等方面还存在着发展不充分的问题。面对建设教育强国的新任务,无论是在教育法律建设、教育战略规划和教育政策等宏观层面,还是在教育体系、教育结构和教育质量等中观方面,抑或是在学校建设、教师素质和公共教育资源准备等方面,均存在着一定差距。其次,制度层面。制度成熟是教育现代化的本质要求。我国尚没有形成与建设教育强国要求相适应的制度体系,包括教育现代化标准、教育质量标准以及治理能力现代化水平等方面,都还存在着许多不足。最后,精神层面。建设中国特色社会主义教育文化是新时代教育发展的重要任务,中国特色社会主义教育理论尚在酝酿、发展和成熟之中,对于中国教育现代化成功经验和成功模式,尚缺乏科学、系统和全面的理论提升。①

从管理要素分析,不平衡主要有以下六个方面。

第一,区域教育发展不平衡。我国是一个大国,各区域间地理条件迥异,在

---

① 高书国.新时代中国教育典型特征与发展策略[N].中国教育报,2017-09-11(12).

东、中、西部之间存在着明显的经济发展梯度,农业经济、工业经济和知识经济等多种形态并存,区域间各级各类教育,在办学理念、投入、条件、标准等方面都差异巨大。

第二,城乡教育发展不平衡。长期形成的城乡二元结构对教育的影响巨大,许多时候,城市教育和农村教育面对的问题完全不同,差异极其显著。

第三,本地区校际发展不平衡。在过去物质短缺的时代,学校的重点建设,使得基础教育学校在办学条件、师资水平、教育理念上出现了不小差距,时至今日,也依然存在着较为严重的县域内义务教育不均衡、城区内中小学条件水平不平衡现象。

第四,教育结构发展不平衡。学前教育和高中阶段教育仍然是教育体系中的短板和弱项,普通教育和职业教育、学科型人才培养和应用型人才培养,与社会的经济结构还不匹配。

第五,德智体美劳发展不平衡。智育一枝独大,学生的社会责任感、创新思维、身体健康成长、审美观、劳动意识和动手技能等培养训练环节,不同程度地被知识学习的时间挤占了。

第六,家长对教育的心态不平衡。中华民族有重视教育的传统,这是值得提倡的,但很多人对优质教育的理解与预期存在着误区,由此造成了广大家长对择校的追崇和攀比现象,特别是当看到自己的同事、邻居等熟人子女择校时,就更加剧了这种不平衡心态。

教育发展不充分也表现在以下六个方面。

第一,先进教育思想培植实践不充分。思想是行动的先导。面向未来,我们的很多教育理念还比较陈旧,人才培养模式相对于提高学生社会责任感、创新精神和实践能力的要求还有较大差距,死记硬背式的知识点学习、应试现象还比较严重,素质教育思想还没有在实践层面得到有效落实。

第二,教育支撑国家战略发展能力不充分。现代教育体系尚不完善,拔尖创新人才和能工巧匠仍是人才培养的短板,特别是在以人工智能为代表的第四次产业革命浪潮来临之际,面对创新型国家建设需求,教育在中小学课程设置、高等学校学科建设等方面还未做好充分准备。

第三,国际教育治理参与不充分。随着我国教育由弱到大再到强,我们需要积极参与国际教育规则制定,主动在全球教育发展议题上提出中国主张、中国倡议和中国方案。因此,需要创新方式,充分利用国际组织平台、多边合作等阵地,推广我国教育发展的经验和标准,树立我国在国际教育治理中的负责任大国形象。

第四,教育公平推进不充分。教育公平是社会公平的基础,是社会主义的本质要求,要发展社会主义,必须逐步实现人民共同富裕。相对于过去教育的快速发展,公平的缺口更大,机会公平对获得公平的心态影响过大。当然公平问题也是与不平衡问题紧密联系在一起的。

第五,教育内涵发展不充分。过去在穷国办大教育的情况下,我们首先重视了教育的规模发展和办学条件的改善,但长期的惯性思维,使得大家对于育人内在的东西关注不够,教育外延扩展冲动依然强劲,质量、内涵等常常流于形式和表面,多样化选择不够,不同学校的特色不够鲜明。

第六,依法治教实现不充分。依法治教需要更加注重运用法治思维和法治方式,推动教育改革发展、推进教育治理能力现代化,而我们在转变政府职能、加强宏观管理、创新监管方式、增强政府公信力和执行力方面,与建设人民满意的服务型政府还有差距。①

如何破解这一主要矛盾?习近平总书记指出,要加快推进教育现代化,建设教育强国,办好人民满意的教育。可以说,建设美好教育,满足人民群众对教育多样化的需求,既是破解当前新的矛盾的治本之策,也是满足人民群众对美好生活的需要,更是教育发展到一定阶段的必然需要。

随着人民生活收入水平普遍提高,人民群众对教育有了更加多元和更高的需求。与此同时,国家经济转型升级、人力资源强国建设等,都需要数以亿计的各类劳动者在理念、思维、知识、技能等方面接受多种形态的教育培训。而在传统的教育思维中,教育者总是站在学校的角度看待教育,即为学校的生存和发展而思考教育。也就是说,教育的供给,已不能满足人民群众对教育的需求,基础教育迫切需要深化教育领域供给侧结构性改革。美好教育的意义,就在于让每个学生获得最好的和最充分的发展,进而提供更加优质、均衡、多元的教育资源与服务,满足社会多样化选择需求。②

二、凸显立德树人根本任务

培养什么人,如何培养人,历来是党和国家教育的根本问题。习近平总书记在党的十九大报告中指出:"要全面贯彻党的教育方针,落实立德树人根本任务,发展素质教育,推进教育公平,培养德智体美劳全面发展的社会主义建设者和接班人。"这是教育的目标与定位。

---

① 陈子季,马陆亭.着力解决好教育不平衡不充分问题[J].人民教育,2017(21):18-21.
② 庞丽娟.教育供给侧结构性改革改什么、如何改[J].民主,2017(10):10-11.

美好教育的指向,就是办让人民满意的教育,而立德树人正是人民满意教育的根本要求。中国共产党的根本宗旨,就是全心全意为人民服务。我们培养的人,一定是社会主义的建设者和接班人,一定是全心全意为人民服务的践行者。因此,"五育并举,德育为先",就显得尤为重要。可以说,"立德树人"既是人民满意教育的根本要求,也是人民满意教育的根本标准,这是为谁培养人的重大问题。

人作为人,不是片面的政治人、经济人,而是全面发展的、德才兼备的人。司马光《资治通鉴》指出:"才者,德之资也;德者,才之帅也。才德全尽谓之圣人,才德兼亡谓之愚人,德胜才谓之君子,才胜德谓之小人。"我们需要德才兼备之圣人或君子,但"苟不得圣人,君子而与之,与其得小人,不若得愚人"。俗话说,有德无才是废品,有才无德是危险品。德不立,不能为人,也不能成才。这是成人、成才之道。

立德树人,使教育回归人,使道德植于人,才会让人有立根之基,成为一个大写的人、有人性的人。在"立德树人"中培养健全的人格和高尚的品格,促进人的全面发展,这是教育的神圣使命,也是立德树人的根本诉求。立德树人是教育的初心和使命,是新时代教育事业发展的必然之选,更是建设中国特色社会主义伟大事业和实现中华民族伟大复兴的必然之选。

立德树人,既是一个永恒的主题,也是一个时代的主题。说它是一个永恒的主题,是因为,树人是教育的根本,只有立德,才能成人;只有在"以人为本"的时代,教育才能回归人。说它是一个时代的主题,是因为,当代中国出现了道德危机,迫切需要立德。"国无德不兴,人无德不立"。教育的对象是人,人的发展的未完成性,决定了教育的必要性。人只有受过教育,才能够成为人。教育为人所需要。促进人的发展和完善,是教育的唯一目的,也是教育存在的唯一依据。因此,育人是教育的原点,成"人"是教育的真谛。这看似是一个不言自明的教育常识,但是,我们的教育现实却常常背离这一常识。

将"立德树人"的定位置于"全面发展"之上,这是以习近平总书记为核心的党中央,继承、丰富和发展党的教育方针的集中体现,是对党的教育方针的重大发展,是党的教育理论创新的最新成果。"立德树人"具有以下三个层面的深刻含义:一是揭示了教育的本质,是对教育本质的最新认识。教育的本质是培养人,这是古今中外的共同认识。把立德树人作为教育的根本任务,无疑是对教育如何培养人这一本质的新认识。二是揭示了德育在人的全面发展中的突出地位,强调促进人的德行成长是教育的首要任务。三是揭示了道德发展与人的全面发展的辩证关系,强调德行成长是人的全面发展的根本保障,体现了党对教育规律的深刻认识。①

改革开放后,党的工作重心转向了经济建设,教育作为生产力的本质和舒尔茨的人力资本理论受到重视,"发展经济,教育先行",成为这个时期最响亮的口号。

进入新世纪,伴随着"以人为本"科学发展观的提出,促进人的全面发展成为社会的目的。教育落实科学发展观,就是使教育回到人。2010年《国家中长期教育改革和发展规划纲要(2010—2020年)》,正式把"育人为本"作为教育工作的根本要求。至此,我们对教育的认识完成了从社会向人的转变,使教育回到它的原点——人,回归其本真——育人。

党的十八大以来,习近平总书记多次强调,要深化教育改革,推进素质教育,创新教育方法,提高人才培养质量,努力形成有利于创新人才成长的育人环境。2016年9月9日,习近平总书记在视察北京市八一学校时指出,"素质教育是教育的核心"。这其实已经明确指出了如何培养人的问题。美好教育是一种适性的教育,能够促进人的各种潜能充分发展,促进人的全面发展,立德树人正是落实素质教育的首要前提。

三、办好人民满意的教育

党的十九大报告指出,建设教育强国是中华民族伟大复兴的基础工程,必须把教育事业放在优先位置,加快教育现代化,办好人民满意的教育。

美好教育是办人民满意教育可行的实践路线。我国是一个受教育者众多的人口大国,又是一个人均收入不高的发展中国家。发展基础教育,政府必须因势利导调整工作重心,集中力量解决基础教育发展中面临的最为迫切的问题。客观来看,我国幅员辽阔、发展基础千差万别,各地基础教育发展水平必然呈现多样性特征。在经历改革开放40多年的发展之后,在实现区域内义务教育基本均衡的前提下,加快推进基础教育高水平、特色化建设。

从现实层面看,基础教育的基本发展方向,必定会从"人人有学上"迈向"人人上好学"。但要想实现这个愿望,必须对什么是人民满意的教育,有一个符合实际的认识。如果我们对人民满意的教育的理解,还仅仅停留在帮助越来越多甚至每个学生在现行的中、高考中取得优胜,那么,优质教育几乎不可能实现。因为,从国内外高等教育的发展经验和现实构成形态来看,高等学校的类型和现实水平是有差别的,即使将来我国高等教育从大众化走向普及化,也有一个

---

① 张志勇.立德树人是教育的根本任务[N].中国教育报,2017-09-08(10).

竞争优质大学有限录取名额的问题。从优质大学与人们意愿的供求关系来看，上述意义上的"人人上好学"或人民满意的教育目标很难实现。

从 2000 年起，我国高等教育录取率就开始大幅度上升。但历经近 20 年时间，学生的学业负担和升学压力非但丝毫没有减轻，反而有日渐加重并日益向低龄化学生延伸的趋势，人们对教育的现实状况也颇多微词。也就是说，要办出让越来越多人满意的教育，必须从根本上走出引导人们竞争少数所谓优质学校有限录取额度的窠臼，把重点放在建设越来越多适应和发展学生优势潜能、兴趣、爱好的特色化学校上来。

从社会认识发展来看，人们对人的遗传差异性有了更为科学和清醒的认识。在理论研究领域，加德纳的多元智力理论已经被越来越多的人所接受。这个理论的核心思想，是每个人都有不同于他人的优势发展领域。从这一理论中，我们容易导出这样两个推论：一是不同的人在不同的发展领域中的发展极限是不同的，试图通过教育和训练达到同一水平，要么不可能，要么浪费掉另一些人的优势发展潜能；二是不同的人达到某一领域特定发展水平所依赖的学习时间和训练条件不同。上述两个方面，揭示形成教育效益差异的基础性原因。也就是说，对不同的学生，用相同的教育时间和资源，不可能达成相同的教育效益或教育结果。正是基于此，即使是在义务教育的范畴内，仅仅现实地存在教育机会、教育资源供给方面的均等一致，不可能也不应该追求教育过程、教育方法和教育结果绝对的均等一致。承认学生间的差异，尊重并鼓励这些差异的发展，是未来教育改革的必然发展方向。

从实践领域看，人们在飞行员、运动员和艺术人才的选拔和培养中，已经积累了较为成熟的经验：具有某些优秀先天条件的儿童青少年，经过合适的训练，更容易成长为高水平的专业人才。

以上从理论和实践两个方面，进一步印证了，优质的教育应是一个适应并着意发展学生优势潜能和兴趣、爱好的教育，而不是统一地提供考试优胜资源条件的教育。很显然，这既是办人民满意教育的愿景基础，也是基础教育走向特色化发展方向的基本依据。①

办好人民满意的教育，意义重大。

办好人民满意的教育，是为人民服务的重要内容，也是美好教育的根本方向。为人民服务是党的根本宗旨，党的一切奋斗和工作，都是为了造福人民。教育是民生之首，关系亿万人民群众的切身利益、根本利益、长远利益，是为人

---

① 傅维利.论当代基础教育的特色化建设[J].教育研究，2014(10)：12-17.

民服务的重要内容,建设教育强国,是中华民族伟大复兴的基础工程。

办好人民满意的教育,是教育本质的回归。教育的本质是育人成才,教育工作要回归这个常识,回归这个本分,回归这个初心,回归这个梦想。坚持以人民为中心、办人民满意的教育,是社会主义教育的本质要求,为人民办教育、为人民培养人才,依靠人民办教育、依靠人民发展教育,是中国特色社会主义教育的根本方向。教育的根本任务是立德树人,教育要培养社会主义事业的可靠接班人和合格建设者。

办好人民满意的教育,是人民对美好生活的期盼。教育是人民群众的精神需求,是实现自我价值和自我超越的需求,主要表现在三个方面:一是基本需求,为人民群众提供公平的受教育机会,满足人民群众对接受基本教育的期望,切实解决人民群众极为关注的人人"有学上"的问题。二是高质量需求,促进人的全面发展,满足人民群众多样化需要,实现社会全面进步。三是多样化需求,为每个学习者提供适合的教育,满足不同社会阶层的多元教育需求,满足所有人的各种不同需要。

习近平总书记始终强调人民对美好生活的向往就是党的奋斗目标,在第十八届中央政治局常委同中外记者见面会上指出:"我们的人民热爱生活,期盼有更好的教育、更稳定的工作、更满意的收入、更可靠的社会保障、更高水平的医疗卫生服务、更舒适的居住条件、更优美的环境,期盼着孩子们能成长得更好、工作得更好、生活得更好。"这 10 个"更"是中国梦最贴近人民生活实际的诠释,是党的全心全意为人民服务宗旨的具体体现,也是人民群众对于幸福生活的新期待。这 10 个"更"中,教育居首,引人注目,发人深思。

办好人民满意的教育,是教育改革发展的动力。人民有所呼,改革有所应。习近平总书记指出,改革要从群众最期盼的领域改起,从制约经济社会发展最突出的问题改起,让全社会感受到改革带来的实实在在的成果,最大限度凝聚改革正能量。经过多年努力,尤其是 5 年来我国教育发展迅速,超出经济发展水平,教育发展总体水平进入世界中上行列,但与世界发达国家先进水平相比,仍存在明显差距,区域间、城乡间、校际发展还不平衡,各级各类教育发展也不充分,导致不同群体间受教育机会存在一定差距。随着人口结构变化和技术变革加速,教育水平的差距还有可能拉大,改革需求迫切。我们需要加快教育现代化步伐,推动城乡义务教育一体化,需要优化课程体系,改进教学模式,培养推动创新创造能力,确保每个学生人生出彩,成为有用之才。

办好人民满意的教育,是把握群众主流意见的过程。人民满意是对教育工作的主观评价,并取决于欲望满足程度,不能只停留在抽象理念和口号上,要可测量、可评价、可操作，需要使用科学的教育满意度测评工具，把群众主观感觉客观化、分散意见集中化、定性评价定量化。中国教育科学研究院等机构开展的长线调查表明，群众对教育的总体满意度保持在70分左右，属于基本满意范围，其中对基础教育满意度高于高等教育和职业教育，东部地区群众满意度高于中西部地区，城市群众满意度高于农村，学生满意度高于教师，教育外部满意度高于教育内部。对教育工作来说，这既是鼓舞，也是鞭策。

办好人民满意的教育，是掌握教育需求循序渐进节奏的过程。依据需要层次理论，人的需要是一个由低到高、逐级形成并逐级得到满足的动态发展过程。在教育领域明显反映为"有学上"到"上好学"再到"能就业（创业）"的需求，反映普及、公平、质量、效益的不同发展阶段的变化。这就要求教育供给方，要从保障人民受教育机会的"一个不能够少"，到保障教育过程的"为每个孩子提供适合的教育"，再到保障教育结果的"让每个孩子都能成为有用之才"。

办好人民满意的教育，是实现需求侧和供给侧动态平衡的过程。既要积极适应人民群众教育需求侧的动态变化，扎根中国大地办好教育，还要主动提供新的教育理念、教育技术、教育方法、教育制度，为走向世界和面向未来培养人才，办出世界水平的现代化教育，合理引导群众预期，引领社会发展。

办好人民满意的教育，是建设现代化教育强国的社会基础。办好人民满意的教育，是深入贯彻以人民为中心发展思想的具体体现，只有办好人民满意的教育，才能为实现中华民族伟大复兴中国梦提供源源不断的智力支持，才能为建设现代化强国提供坚实基础。

教育发展的实质，是代表最广大人民的根本利益，核心是实现人的全面发展，目标是让人人获得最大福祉，让社会得到进步。教育发展必须不断满足人民群众日益增长的教育需要，要满足人民群众渴望子女接受优质特色教育的需要。办好人民满意的教育，在于办好每一所学校，上好每一节课，教好每一位学生，让教育发展的成果惠及全体人民。①

第四节　美好教育的形态

由于区域之间存在差异，即使同一区域，也存在差异，这就很难用一种形态来形容美好教育。形态只是外在的，而真正的美好教育更应该注重内涵发展。

---

① 曾天山.办好人民满意的教育[N].中国教育报,2018-02-01(2).

从这个意义上说,美好教育的形态,应该是创造适合学生发展的教育。

一、美好教育一定是以人为本的教育

以人为本的教育理念是时代发展的产物,它主张把人放在第一位,以人作为教育教学的出发点,顺应人的禀赋,提升人的潜能,完整而全面地促进人的发展。其根本所在,就是以人为尊,以人为重,以人为先。

教育要体现以人为本,就是要强调"以人的发展,特别是作为教育对象的具体的个人的和谐发展为根本"①。教育的本质是要促进人的全面发展,而不仅是知识的丰富或者文凭的高档,高分低能大有人在。推行素质教育,就要改变过去那种只见"学生"不见"人"的教育观念。不能把学生当作知识的被灌输者,而是要从全面发展人的角度出发,让学生成为学习的主体。同时要把学生看成发展的人来对待。既要考虑发展中的师生关系,又要考虑发展中的学生差异,更要关注学生自身发展的阶段性特点,要允许和引导学生发展的多元化。

以人为本的教育,要创造宽松、民主、和谐、自由的育人环境,要尊重人、理解人,弘扬人文主义精神,让学生学会做人,学会生活,学会创新,成为新型的高素质的人才。

以人为本的教育,是基于儿童、发展儿童的。必须把儿童立在正中央,一切为了儿童、为了一切儿童、为了儿童的一切。儿童本位的生活,反对教师对儿童生活的主宰,但不反对教师对儿童生活的引导。教师要把儿童当成儿童,尊重儿童,引导儿童创造自己的生活。

以人为本的教育,是将儿童作为教育主体,赋予儿童精神、生命发展的主动权,把课堂还给儿童,把精神发展的主动权交给儿童。美国著名心理学家卡尔·兰塞姆·罗杰斯认为,一个人在生命完全自由、随心所欲的状态下,能够听任自己的整个身心,选择一个生命发展的方向,一条生命走向完善的道路,并且他得以自由地沿着这个方向前进,走在他所选择的人生道路上。当人处在这样的生命过程之中时,他的人生就是美好的人生了。教育不是外在的规训与灌输,就在于它能育生命之自觉,唤醒生命自觉发展的动力,不断创造更加美好的生活。②

二、美好教育一定是遵循教育规律的教育

遵循教育规律,就是按照学生的年龄特点,因材施教,引导由被动地接受到

---

① 马克思恩格斯全集(第 3 卷)[M].北京:人民出版社,1960:515.
② 冯建军.新时代美好教育生活及其创造之路[J].中国教育学刊,2018(12):43-48.

自主学习的过程。"物有本末,事有始终",学生的成长与发展,也具有阶段性的特征,需要遵循其内在成长规律。我们应依据学生身心发展规律进行教育,包括心理发展规律、道德发展规律和认知规律。我们的教必须服从于学的规律,一切教育教学方法与手段,都要顺应学生身心发展规律和认知规律,才能收到良好的效果。

遵循教育规律,就要确立"人是教育的原点"的观念,把教育的对象视为"人",视为具体的、有生命的、活生生的人。要以每个人鲜活个体的生命发展为本,在教育过程中尊重生命和人类尊严、尊重个体的权利和文化的多样性,呵护个人的自由。同时要唤醒生命发展的自觉。教育的核心,就是要解决人的发展动力,其根本方式,在于唤醒生命发展的自觉。正如德国教育学家弗兰茨·恩斯特·爱德华·斯普朗格所说,教育之为教育,就在于心灵的唤醒,这是教育的核心。要遵循学生自然成长状态下追求教育理想的过程,依据学生身心发展需要进行适宜的教育,在适度激情下完成心灵与心灵的对话,方能达到理想的教育效果。如果把"升学率"和班级的分数当成政绩,为了取得高分数,教师可以采取任何手段,造成学生高厌学率,这样的教育,即使有再高的升学率,也不能算是成功的教育。教师只有蹲下来与学生对话,学生才能学会学习、学会做人、学会做事、提高能力。只有在这样的教育温度下,才能保证"教育应该是农业而不是工业"。

遵循教育规律,就是要放手让有资格做教育的人来做教育。准确地说,就是让那些有品行、有学识、有思想、有本事、有方法的人,来做教育,教他自己想教且自信能教好的东西。可简单概括为四个字:能者为师。要把课堂还给学生,把课改还给老师,把学校还给校长,少一点行政干预,多一点自主办学,顺应教育固有的规律,加以组织和运行。

三、美好教育一定是素质教育

素质教育是指一种以提高受教育者诸方面素质为目标的教育模式。它重视人的思想道德素质、能力培养、个性发展、身体健康和心理健康教育。素质教育与应试教育相对应,但也并非绝对对立的概念,因为两者在词义上本来就并非反义词。素质教育要求面向全体,着眼于学生的终身可持续发展,重在促进学生德、智、体、美等方面全面发展,促进学生创新精神和实践能力的培养,促进学生生动、活泼、主动地发展。

与美好教育相对立,传统教育评价质量单一,学校同质化问题严重,不利于学生、家长、学校的多样化发展。传统教育难以满足学生对教育多样化的需求。

传统教育以应试教育为指挥棒,办学理念和课程设置同质化严重,以同质化的教育,去培养多样化的学生,学生个性的发展势必呈现不平衡状态。传统评价方式和评价标准同质化问题严重。传统教育以相同的试卷和单一的分数来衡量和选拔千差万别的学生,让学生"千军万马过独木桥",在升学的狭路上"相互拼杀",有些学生的潜能未能得到有效的发挥和公平的评价,学生的发展机会呈现不均衡的状态。传统教育的课程设置使社会对学校的评价指标单一化,学校只在分数和升学率的大战中"分出高低",很多学校的特色未能得到有效开发,学校优势的发挥呈现不平衡状态。

传统教育难以满足家长对均衡的需求。同样是由于长期以来质量评价标准的单一化,学校的同质化倾向明显,"千校一面"的现象十分突出,教育供给单调,学生和家长可选择的空间狭小;又由于学校办学条件、生源素质和区域文化底蕴的不同,无论学校的基础设施和师资水平发展到多高的阶段,其分数和升学率的差异也难免存在。在家长的眼中,标准化学校不一定就是好学校,他们一般也不会用纵向发展的眼光看待学校的发展。在同质化的现实面前,他们喜欢用分数和升学率对学校进行横向比较。因此,只要同质化存在,家长心目中的学校就不可能真正实现均衡,"千军万马"挤重点校的局面就不会改变。

传统教育难以实现学校对均衡的高水平供给。由于质量评价标准的单一化,不少地区用简单的数字指标衡量均衡水平、追求均衡发展,从而使教育均衡出现畸形发展的现象:有的为均衡而均衡,而不是为了整体质量的提高而均衡;有的搞"削峰填谷",而不是以先进带动薄弱、共同发展;有的追求各学校平均发展,而不是均而不同。凡此种种,表面上的"均衡发展",实质上都是以同质化为前提的平均主义和"一刀切",是没有效率甚至是倒退的均衡,是低水平的均衡。

美好教育要突出"同质化"办学重围,必须实施素质教育,实现学生个性全面发展。在推进素质教育的过程中,鼓励每一所学校在标准化办学的基础上办出特色。要指导学校根据自身的"学校特色"建设"特色学校",再到"品牌学校"。学校实现了特色发展,家长对学校的质量评价观念,也将随之逐步从单一化向多元化转变。在此基础上,引导家长根据学生的天赋和发展需求,从"择重点"向"择特色"转变,从而满足家长对均衡不断上升的需求,为学生提供最适合其发展的均衡教育。①

---

① 林藩,黄丽萍.教育特色化:向高水平均衡迈进[J].教育科学研究,2012(4):38-40.

四、美好教育一定是有美感的教育

教育的美感,是教育者与受教育者心灵的共鸣,是"润物细无声"的愉悦。这种美感,如清风拂面,如溪水潺潺,如乐音悠悠。在这样的教育环境里,学生感受不到教育权威的威压,有的只是对知识、对问题的共同探讨和再创造的喜悦,教育者言犹未尽,受教育者回味无穷。

美好教育的追求就是教育的美好。这种美好的指向,是过一种美好生活。美好的生活,绝不是世俗欲望的满足,而是良善的生活。良善是美好生活的自然正当性。"美好生活就是'自然正当'的生活,那是一种完满、恬美、健康、正义的生活,它是按照灵魂的自然而体现的完美和谐的生活。"[①]美好生活不是无条件地顺应身心的自然要求、满足身心发展的本能欲望,而必须以良善生活作为指引。

美好的生活是良善的生活。良善的生活是有自尊的生活,是有尊严的生活。被人羞辱、歧视的生活,不是美好的生活。学校教育要避免制度性羞辱,这是美好教育生活的底线。有人格尊严的生活,是美好生活的标配。良善的生活是爱的生活。同学之间、师生之间的爱,是美好教育生活的润滑剂。良善的生活是公平、正义的生活,在教育资源的分配中,不偏不倚,各得其所。良善的生活是民主的、共享共治的生活。每个人都是公共生活的参与者,公共生活也为每个人所共享。良善的生活是道德的生活。遵守社会生活的公共规则,是良善生活的底线要求,激发德行自觉,是良善生活的追求。道德发展,只有从外在的规则约束,才能走向内在的自律。所以,美好的生活既是遵守规则的,又是合乎内心的,是合规则和合目的的统一。

美好的生活是人之自由自觉的生活。对于教育而言,儿童是教育生活的主体,不是被支配的客体和被驯服的对象。儿童作为教育主体,教育者必须赋予儿童精神、生命发展的主动权,把课堂还给儿童,把精神发展的主动权交给儿童。在心理学意义上,美好是人的身心完全放松和随心所欲,但在社会学意义上,人作为社会的存在,虽生而自由,却无处不在枷锁中。人的自由受到外部的限制,有的限制是合理的,有的限制是不合理的。人虽然在枷锁中受到限制,却要打破枷锁,解除限制。消极自由就是打破不合理限制,争取解放的自由。教育既有自由发展人性善的功能,也有约束人性恶的功能。教育尊崇学生天性,但不是放纵学生。自由也意味着约束和责任,约束不仅来自外界的限制,更来

---

① 冯建军.新时代美好教育生活及其创造之路[J].中国教育学刊,2018(12):50-51.

自内心的自觉。教育不是外在的规训与灌输,就在于它能育生命之自觉,唤醒生命自觉发展的动力,不断创造更加美好的生活。

美好的教育生活是和谐的生活。人的本质是社会关系的总和,所以,社会性是生活的本质特征。人自由自觉的活动,也不是实体化的、单子化的活动,而是一种关系中的人与人的活动。美好生活来自人与人的交往及其形成的和谐关系。和谐的关系既是美好生活的关系价值之一,也成为建构美好生活的重要条件。

教育中的交往关系,首先是人与人之间的交往,包括师生之间的交往、学生之间的交往。美好生活需要平等的师生关系,师生作为平等的人格主体,进行着人格之间的相互影响、心灵之间的相互沟通。教师作为学生成长的引导者和精神的关怀者,要对学生富有爱心、关怀和责任。美好的教育生活更多源自朝夕相处的同学间的友谊。占有性的个人主体性延伸到应试教育中,强化了同学之间的竞争,淡化了合作,过度的不合理竞争,消解了人类最珍贵的真善美和同学间的友情。友情是美好教育生活不可缺少的内容,更是美好教育生活回忆的重要支撑。其次,教育中的交往关系,还表现为个人与集体之间的关系,这样的集体既有班级、社团等小集体,也有学校大集体。集体无论大小,本质上都应该是"自由人的联合体",它以自由人之间的共同团结为标志,遏制群体中可能出现的"小圈子""小山头"和"小帮派",在集体中"美人之美,各美其美,美美与共",在个人的自由生活中共同构建集体的美好生活。[①]

创造适合的教育,必须打造一所有人性、有温度、有故事、有美感的新样态学校,是美好教育所应有的形态,也是县域教育特色化发展研究的主要使命所在。

---

① 冯建军.新时代美好教育生活及其创造之路[J].中国教育学刊,2018(12):43-48.

第二章　美好教育实现依据

美好教育是一项系统工程。要贯彻和推进美好教育落地,推进县域教育特色化发展,有没有理论依据或可资借鉴的成套理论？教育实践中,人们越来越意识到,教育问题很难用单一的理论来解释。马克思关于人的全面发展学说、孔子因材施教的思想、多元智能理论、全人教育理论,以及国家在基础教育领域的政策文件、国内部分先行者的实践经验,为我们探寻县域推进教育特色化发展、实现美好教育之道提供了新视角。

第一节　理论依据

研究美好教育是否有根有据？我们从马克思关于人的全面发展教育理论、孔子因材施教的思想、多元智能理论、全人教育理论等理论中找到了依据和契合点。

一、马克思关于人的全面发展教育理论

马克思主义关于人的全面发展教育理论,是我们推进教育特色的发展,实现美好教育的根本依据。人的全面发展,是马克思主义教育思想的重要内涵,更是中国特色社会主义教育的内在要求,也是美好教育所追求的目标。马克思主义关于人的全面发展理论,不仅包含着促进人的全面协调发展的思想,也包含着促进人自主、自由、个性化发展的重要思想。[1] 厉以贤先生指出,马克思"人的全面发展"的内涵,是指由资本主义生产提供物质基础,人有目的地联合起来控制和发展这一物质基础,并消除其历史造成的自发性和盲目性;消除人的发展中的矛盾(这些矛盾都是以私有制为核心展开的),从而达到人的智力和体力,精神劳动、物质劳动和享受,生存和发展的统一;使人的潜能和天资、兴趣和

---

[1] 马克思恩格斯选集[M].第1～4卷.北京:人民出版社,2012:25-28.

才能得到前所未有的充分发展；使人的身心、精神（道德）、才能、个性得到全面而丰富的发展。①

美好教育是人的教育，是人的全面发展的教育。考察世界教育的发展走向和当代先进教育的基本特征，可以发现，在原始社会到现代社会的历史发展链条中，社会制约和人的自主、自由发展间的博弈虽有反复，但最终总是朝向有利于人的自主、自由发展的方向前进。事实也证明，较之传统学校，现代学校提供了更为多样化的选修课程、选做活动和更具个性化的教育指导方案。这说明，即使是在基础教育的义务教育阶段，教育资源配置和教育过程设计，也应给予学生越来越多自主、自由选择的空间。

我们必须看到，无论是从全面理解马克思主义"人的全面发展"思想的角度，还是从人类社会和教育进步的角度，都应特别关注人的个性化、自主、自由发展在当代教育目的中的价值和意义。从实践上看，我国一直处于优质高中和大学资源相对短缺的局面。在这种情形下，如何在中、高考中取得优胜，自然会成为学生、家长、学校甚至地方政府竞相追逐的核心目标。这使得人的全面发展观逐步蜕变为学生在考试科目上的"高水平""均衡""全面"的发展，而学生的潜在优势、个性化的兴趣爱好以及实践能力和创新能力的发展，都在这种认识和实践中消失殆尽。我国今后的教育改革要想走出深水区，在攻克教育顽疾方面取得重大突破，应当进一步明确实施"在保证学生适度全面协调发展的基础上，促进学生优势潜能和个性化兴趣、爱好的长足发展"教育理念，这不仅是中国教育未来人才培养的诉求，也是特色学校建设的根本目标、检验标准和方向保障。② 这是每个学生实现个性化全面发展的重要前提和保证。

二、孔子因材施教思想

孔子的因材施教思想是我们研究美好教育的重要依据。孔子是我国古代伟大的教育家，《史记》称其有弟子三千，其中贤者七十二人。孔子的教育成就，主要源于他的"因材施教"。宋代程颢、程颐曾言"孔子教人，各因其材"，这是对孔子教育思想与实践的精辟总结。纵观"因材施教"在我国教育延承的历史，"因材施教"为孔子始创，又以孔子实践得最为彻底。

宋代大儒朱熹对孔子的因材施教格外推崇，曾这样评价孔子："圣贤施教，

---

① 吴琼.马克思人的全面发展理论及其在中国发展进程研究[D].长春:吉林农业大学,2018.
② 傅维利.论当代基础教育的特色化建设[J].教育研究,2014(10):12-17.

各因其材,小以小成,大以大成,无弃人也。"①孔子是因材施教的典范,其对学生的教导,都是从学生的实际出发,培养出来的学生成就也各不相同。孔子就是针对每个学生的不同特点,找到适合他们的教育方式,从而进行因材施教。正所谓是"圣贤施教,各因其材"②。

每一个人都是一个独立存在的个体,每一个人的人生观与世界观,受其生长环境和接受教育的影响存在差异性。孔子就是在与弟子们的沟通与接触中发现了这个差异性。孔子也正是把握了每个弟子的性格、处事、学习能力而进行不同方面的培养,提出"因材施教"。"因材施教"教育原则在中国教育史上大放光彩。

"穷则变,变则通,通则久",事物发展到了极点,就要发生变化;发生变化,事物的发展才会不受阻塞,事物才能不断地发展。人也是如此,通过不断学习,促使自身往好的方向变化。正是因为人的变化性,才铸就了孔子"因材施教"的哲学基础,施教的对象不同,教育的方式与内容也就随之产生变化。颜渊贤能,夫子授之以"仁";端木赐通达情理,夫子授之以"行";子游勤奋好学,夫子授之于"礼";子夏才思敏捷,夫子授之以"诗"。③ 孔子对待不同学生发掘他们的自身所长,就是人的变化性所体现。事物没有一成不变的,只有不断地变化、变通才会进步。老师在教授学生的过程中,也是要不断地针对不同学生进行教育,及时调整教育方式和内容,才能做到真正意义上的"因材施教"。

探究孔子的因材施教思想,可发现其背后有系统而深厚的"以人为本"思想。基础教育在经过义务教育均衡发展之后,硬件设备基本达到了均衡配置。但是,当前学校面临着更深层次的内涵式发展需求,对人才培养体系的改革也提出了更高要求,这就需要我们尊重人的身心发展规律和成长规律,找到适合学生发展的契合点。因此,美好教育之道必须遵循因材施教原则,大力推进教育特色化发展。

三、加德纳多元智能理论

传统的智能理论认为,人类的认知是一元的,个体的智能是单一的。而加德纳(1983)提出:"智能是在特定的文化背景或社会中,解决问题或制造产品的能力。解决问题的能力就是为了达到某种目标而找到达到这种目标的方法;对

---

① 朱熹.四书章句集注(卷十三)[M].北京:中华书局,1983:362.
② 程颐.河南程氏遗书(卷十九)[M].朱熹编.北京:商务印书馆,1935:276.
③ 梁秋英,孙刚成.孔子因材施教的理论基础及启示[J].教育研究,2009(11):87-91.

于文化产品的创造,则需要具备获取,学习,传播知识的能力。"①多元智能理论认为,只拥有一种智能的人是不存在的,每个人都存在多种智能,这些智能被人们用来处理现实世界中的各种问题。该理论第一次颠覆了人们对智能的认知,改变人们认为人只有一种智能的观念,第一次将智能(intelligence)从单数变成了复数(intelligences)。

加德纳的多元智能理论认为,人类主要包括以下八种智能:言语—语言智能、音乐—节奏智能、逻辑—数理智能、视觉—空间智能、身体—运动智能、自我内省智能、人际交往智能、自然主义智能。每种智能都有各自的特点,地位却同等重要,对于每个人来说,缺一不可。每个人都有发达的智力和未开发或被忽视的智能。在教学过程中,教师必须要意识到每个学生都具有同等的地位,每一个学生都应该被赞美,每一个学生的差异都应该被考虑,每一个学生的不同智能都应该被发展。霍华德·加德纳进一步指出,以上几种类型的智能不应该将人类的智能局限于此。每一种智能在人生的不同阶段都会显现出不同的发展顺序。"虽然所有的个体都是由以上八种智能相互组合而来,但在不同的条件之下,每个智能所表现出来的形式与发展程度都是不同的。如果个体想要加强自己的某个智能,在外界的刺激与个体自身努力的条件下就能达到。"

多元智能理论强调学习者的中心地位,该理论表明人类同时拥有多种智能而不仅仅是单一的智能。因此,教师应在教学过程中认识和发展学生的多种智能。霍华德·加德纳还提到,不同智能的表现方式不同,人们能够用不同的方式去理解与学习,这些智能也被应用在日常的生活学习中,帮助人们解决、创造新事物。

这一理论强调每个人都具有多样智能,但不是单一的、完全相同的智能,由此强调智能的多元性、发展性、差异性、可塑性、文化性、创造性和实践性。多元智能理论不但可以帮助教师树立正确的教学观,认识到学生之间智力的差异性以及多样性,还可以激发学生学习的积极性,使学生思想、感官、身体得到全面发展。美好教育就是要通过学校特色化来发展学生的多种智能,充分体现智能的多样性,尊重学生的自主选择,促进学生的全面发展,将学习者视为独立个体、尊重学生。每个学习者都是独一无二的,天生具有创造性,具有个性化的需求和能力。在教育过程中,要将学生视为独立的、有价值的个体,根据学生的能力、天赋、学习等级,制定出能够满足不同需求的教学策略,达到因材施教的教学目的,进而推进教育特色化发展。

---

① 张晓峰.多元智能实验:美国的实践、经验与效果[J].全球教育展望,2002(9):31-34.

四、全人教育理论

美好教育的实现也可以从全人教育理论中寻找依据。全人教育思想的形成并不是一蹴而就的,而是自古希腊时期以来,各国哲学家、教育学家思想智慧的结晶。在整个人类教育史上,各国的教育学家的教育观点中,或多或少都带有某种全人教育的意味。"全面"和"完整"这两个核心概念,始终贯穿在教育家们的全人教育理念之中。

1991年,全人教育倡导者们签署《教育 2000:全人教育观点》(Education 2000: A Holistic Perspective)。在该文件中,对全人教育理念首次进行了系统详尽阐述,提出以培养精神、道德、技能、智力、身体等方面全面和谐发展的完整人为教育目标,使人成为真正的"人",即在拥有一定技能的同时,还具有独立的思想、尊严和价值,而不是单纯的促进经济社会发展的工具。①

全人教育具有整全性、主体性、联系性、发展性等特征。

(1)整全性:全人教育非常重视个性的和谐发展,其根本目的就在于"使人日臻完善,形成人格丰富多彩、表达方式复杂多样,能承担各种不同的社会责任的完整的人"。因此,全人教育是与专业教育、职业教育以及技术教育相对应的一种教育形态。全人教育的整全性,除了强调现有教育体系中人的智力、技能、身体素质、知识等理性因素的培育,还强调人的精神、道德、情感、艺术修养、人文素养、创新能力等各种非理性因素的全面和谐发展。

(2)主体性:全人教育将人视为教育活动的主体,教育就是培养人的活动,人是教育活动的出发点和落脚点,是教育活动的中心。受教育者存在差异性和多样性以及本身具有学习主动性,因此,应采取不同的教学方法和策略,实施因材施教和区别性、个性化教育。在教育过程中,应将受教育者视为独立的个体,视为课堂的主人,让每个人的才能、天赋、潜力、智慧得以充分展现,形成有别于他人的特质场域。

(3)联系性:全人教育的联系性主要体现在两个方面:一是强调事物之间的普遍联系与影响,任何事物都是一个较大的集合中的一个子集,每个子集之间互相关联,任何一个子集的变化都会导致整个集合的变化;二是强调知识与知识之间的广泛联系,强调知识在一定条件下的互相促进和转化。因此,全人教育主张建立平等的师生关系以及注重知识的整合与转化。

(4)发展性:全人教育思想将终身教育纳入自身的思想体系,在横向上注重

---

① 刘保存.全人教育的兴起与教育目标的转变[J].比较教育研究,2004(9):17-21.

学生的和谐、全面发展,在纵向上注重人的长远和可持续发展,认为教育的最大秘密,便是使人性完美和促进人的发展,从而实现整个社会的健康和谐发展。

全人教育更加关注人的潜能,注重促进人的全面发展;更加关注学生人文素养的培育,注重学科之间的联结与知识的整合;更加关注学生选择的自由性,注重促进教育者角色的转换。

关注人的潜能、促进人的全面发展,挖掘人发展的内在可能性,是教育的首要目的。全人教育思想的重要内容,就是帮助学生发现最感兴趣的事物,在促进个人全面发展的基础上,促进整个人类的发展。

关注学生人文素养的培育。全人教育者们并不否认科学知识和技术知识对人生存的价值,但是他们呼吁的是在对人们进行科学知识和技术传授的时候,关注人精神方面的发展、人格方面的培养,让人的知识、技能、品行、思想、心理素质达到和谐统一的发展,使人具有人文的素养和充满人性的关怀。

注重学科之间的联结与知识的整合。在全人教育思想中,"整全性"这一概念是教育过程的核心之一。在教育过程中,每门学科都有其特定的价值,都是不可或缺的重要组成部分。教育的目的是要促进人的全面发展,而以学科和专业为导向的知识结构模式,让学生形成了片面的、单一的知识结构水平。从中我们可以看出,教育不能仅以传授某一单科知识为目标,而应注重跨学科知识之间的联结与整合。这与思想跨越专业壁垒的"通才式人才培养目标"不谋而合。

促进教育者角色的转换。面对21世纪中的种种重大变革,教师作为变革的因素之一,所承担的作用和角色也会相应发生改变,他们将更加致力于培养新一代人的性格和精神。因此,教师要建立新的教学范式,改变传统的中心地位,和学生构成教学共同体,由原来的教学过程的指导者,变成学习的促进者,因为学习是一个有机的、自然的过程,而不是根据各种要求而制造出来产品的过程。

给予学生选择的自由性。在学习过程的每一阶段,都应赋予家长和学生做出真正选择的机会,因为真正的教育只有在自由中才能实现。在教学过程中应启发学习者享受自由探究的乐趣、培养学习者自由表达和自主选择的能力,实现学生的自由成长。而现行的教育制度,在很大程度上限制了学生自由选择的权利,如课程、教学方法等方面,学生只有被动接受而无法自由选择。今后教育应赋予学生更多自由选择的机会,让他们在每一个学习阶段,根据自身能力大小,积极参与到教学过程中,充分发表自己的意见和建议,承担与之相应的学习成败的责任。

由此我们可以看到,全人教育所包含的内容、特征、功能,正是我们所倡导的美好教育一直在追求的目标,学校特色化,能彰显人文关怀,体现学生个性化的成长。

马克思关于人的全面发展教育理论、孔子因材施教思想、霍华德·加德纳多元智能理论、全人教育理论等理论探索,对人的个性全面发展等方面的描述,正是美好教育一直努力的方向,这些理论为我们研究美好教育提供了坚实的理论依据。

第二节 政策依据

推进县域推进教育特色化发展,是美好教育的必由之路,我们从《中国教育改革和发展纲要》《国家中长期教育改革和发展规划纲要(2010—2020年)》《中国教育现代化2035》《关于深化教育教学改革全面提高义务教育质量的意见》等文件以及党的十九大报告、全国教育大会精神中,不难发现相关政策依据。

自1993年正式颁布《中国教育改革和发展纲要》以来,各级教育行政部门和广大中小学校,紧紧围绕该《纲要》提出的"中小学要由'应试教育'转向全面提高国民素质的轨道,面向全体学生,全面提高学生的思想道德、文化科学、劳动技能和身体心理素质,促进学生生动活泼地发展,办出各自的特色"的目标要求[1],积极开展学校特色建设的实践探索与行动研究,催生了一大批特色办学典型。这些特色学校以其独特的办学理念和务实的实践探索,极大地提升了学校的品牌影响力和文化凝聚力,促进了教师的专业成长和学生的全面发展、个性发展。

随着素质教育理念的逐步推广和普遍接受,特色学校日益受到理论界的关注和一些有识校长的重视,以《中国教育改革和发展纲要》提出"中小学……办出各自的特色"为标志,特色学校作为专用名称和办学方向,开始在各级政府教育政策文件中频繁出现,推动学校特色发展、创建特色学校,逐步纳入各级教育部门和教科研机构的研究视野,成为部分有思想的校长践行教育理想的试验田,被普遍视为改变"千校一面"办学现状、促进和提升办学水平的新的增长点。这一时期,对特色学校的认识、理解和实践,无论是理论界还是教育部门和广大中小学校,都经历了对特色项目、学校特色、特色学校等概念,从相对混乱到逐

---

[1] 中华人民共和国教育部.国家中长期教育改革和发展规划纲要[EB/OL]. 参见 http://old.moe.gov.cn/publicfiles/business/htmlfiles/moe/info_list/201407/xxgk_171904.html.

步明确的发展演变过程。县域推进教育特色化发展,是聚焦学校要办出特色,从县域层面来做足顶层设计,全面规划布局学校办学特色,致力于素质教育全面推进和落地实施的过程,这无疑是美好教育之道下的学校发展新样态。

2010年7月,历时两年多、备受关注的《国家中长期教育改革和发展规划纲要(2010—2020年)》(以下简称《纲要》)正式颁布。从该《纲要》中我们再一次感受到党中央、国务院对教育特色化发展的高度重视。《纲要》明确提出:"把提高质量作为教育改革发展的核心任务。树立科学的质量观,把促进人的全面发展、适应社会需要作为衡量教育质量的根本标准。树立以提高质量为核心的教育发展观,注重内涵发展,鼓励学校办出特色、办出水平,出名师,育英才。"[1]可见,推动学校办出特色,已经成为国家未来教育改革发展的重大战略任务和目标指向,加快建立促进学校特色发展、特色办学的长效工作机制,理应成为新的历史起点上教育行政部门和广大学校积极谋划和创新实践的工作定位。以县域为层面来助推教育特色化发展,正是这样一个有力的抓手。

《纲要》指出:"关心每个学生,促进每个学生主动地、生动活泼地发展,尊重教育规律和学生身心发展规律,为每个学生提供适合的教育。"适合的教育就是最好的教育。习总书记说过,"鞋子合不合脚,自己穿了才知道。"习总书记还指出,一个国家的"鞋子"合不合脚,一个国家的道路好不好走,只有这个国家的人民最有发言权、最有选择权、最有决定权。同样的道理,什么样的教育适合学生,只有学生自己和办学者才最清楚。美好教育就是适合的教育,以县为主推动教育走向特色化发展之路就是"合脚"的教育,就是美好教育之道。

2011年,第十一届全国人民代表大会第四次会议审议通过的《中华人民共和国国民经济和社会发展第十二个五年规划纲要》提出,"实施区域发展总体战略""推进区域良性互动发展,逐步缩小区域发展差距"。党的十八届三中全会明确提出"深化教育领域综合改革""逐步缩小区域、城乡、校际差距"。国家战略的发布和实施表明,深化教育领域综合改革,推进教育可持续发展,最终需要落实到区域层面上。如何贯彻落实国家关于区域发展的总体战略?如何增强教育在贯彻落实国家战略中的地位与作用?这些都要求我们,必须进一步加强有关区域推进教育发展的研究,从理论上理清关系、把握内涵,从实践中寻找突破口、趟出新路子。

近年来,区域义务教育的均衡发展日益受到国家的重视,多项相关政策接

---

[1] 中华人民共和国教育部.国家中长期教育改革和发展规划纲要(2010—2020年)[EB/OL]. 参见 http://old.moe.gov.cn/publicfiles/business/htmlfiles/moe/info_list/201407/xxgk_171904.html.

连出台。2005年,教育部印发《关于进一步推进义务教育均衡发展的若干意见》,提出各地在实现"两基"之后,要把推进义务教育均衡发展作为义务教育阶段的一项重要任务。2006年,教育部在四川成都召开全国推进义务教育均衡发展现场经验交流会,会议明确指出,要用3～5年时间,努力使区域内义务教育资源配置更加合理和规范。2009年,教育部在河北邯郸召开全国推进义务教育均衡发展现场经验交流会,会议提出了两个阶段性目标,即力争要在2012年实现区域内义务教育初步均衡,到2020年实现区域内义务教育基本均衡。2010年,教育部印发《关于贯彻落实科学发展观进一步推进义务教育均衡发展的意见》,进一步对提高经费保障水平、合理配置教育资源等提出指导性意见,重在促进义务教育均衡发展和内涵有效提升。

2013年11月12日,中国共产党第十八届中央委员会第三次全体会议通过《关于全面深化改革若干重大问题的决定》(以下简称《决定》),提出深化教育领域综合改革。《决定》指出,要全面贯彻党的教育方针,坚持立德树人,加强社会主义核心价值体系教育,完善中华优秀传统文化教育;要强化体育课和课外锻炼,促进青少年身心健康、体魄强健;要改进美育教学,提高学生审美和人文素养;要大力促进教育公平,逐步缩小区域、城乡、校际差距;要统筹城乡义务教育资源均衡配置,破解择校难题,标本兼治减轻学生课业负担。《决定》所提出的教育改革方向,涉及教育领域的方方面面,体现出很强的系统性,综合改革的目标也十分明确,教育领域综合改革的落脚点,最终指向区域教育综合改革,也就是县域内推进学校特色化发展。

百年大计,教育为本。习近平总书记明确指出:"建设教育强国是中华民族伟大复兴的基础工程,必须把教育事业放在优先位置,深化教育改革,加快教育现代化,办好人民满意的教育。要全面贯彻党的教育方针,落实立德树人根本任务,发展素质教育,推进教育公平,培养德智体美全面发展的社会主义建设者和接班人。"习总书记为新时代中国教育改革指出了根本遵循,也为我们在中国特色社会主义新时代不断推进县域教育改革发展、大力提高国民素质指明了方向。党的十九大报告指出,"必须多谋民生之利、多解民生之忧,在发展中补齐民生短板、促进社会公平正义。"要"努力让每个孩子都能享有公平而有质量的教育"。[①] 推进县域推进教育特色化发展,走内涵式发展之路,正是坚持以人民

---

① 习近平:决胜全面建成小康社会 夺取新时代中国特色社会主义伟大胜利——在中国共产党第十九次全国代表大会上的报告[EB/OL]. 参见 http://politics.gmw.cn/2017-10/27/content_26628091.htm. 2017-10-27.

为中心、持续推进教育公平、补齐民生短板、体现更高层次教育公平这一社会公平的重要基础,充分彰显教育权利和机会公平,充分彰显优质教学资源共建共享带来的优质教育资源的公平,充分彰显美好教育对人全面发展更高层次的公平。

在 2018 年 9 月召开的全国教育大会上,习近平总书记提出的"教育是国之大计、党之大计",高度概括了教育在党和国家事业发展全局中的战略地位和关键作用,尤其是首次"党之大计"的论断,这是对中国特色社会主义教育的新定位,是党的理论和党的教育思想的新发展。习近平总书记指出,新时代新形势,改革开放和社会主义现代化建设、促进人的全面发展和社会全面进步,对教育和学习提出了新的更高的要求。他强调,教育是民族振兴、社会进步的重要基石,是功在当代、利在千秋的德政工程,对提高人民综合素质、促进人的全面发展、增强中华民族创新创造活力、实现中华民族伟大复兴,具有决定性意义。

教育高质量发展离不开教育的特色化发展。推进县域教育特色化发展,是落实美好教育最有力的抓手。习近平总书记指出:"要努力构建德智体美劳全面培养的教育体系,形成更高水平的人才培养体系。"他在这次教育大会上多次提及"促进人的全面发展",围绕"培养什么人"这个首要问题,旗帜鲜明地强调:"培养德智体美劳全面发展的社会主义建设者和接班人",将"劳动教育"重新纳入新时代党的教育方针。这是对马克思主义"培养全面发展的人"的基本观点的回归和坚守,更深层次的意义是,德智体美劳五育缺一不可,都要抓紧抓实。让学生德智体美劳全面发展,实际上就是立德树人,这在一定程度上也为着力克服重智轻德、片面发展等顽疾,确保中国特色社会主义教育事业的科学、健康、可持续发展提供了理论指导。

教育领域综合改革全面深入推进,已从"立柱架梁"进入"内部装修"阶段。在这次大会上,习总书记深刻指出,要克服唯分数、唯升学、唯文凭、唯论文、唯帽子的顽瘴痼疾,从根本上解决教育评价指挥棒问题。他强调,要深化办学体制和教育管理改革,充分激发教育事业发展生机活力。贯彻全国教育大会精神,"要加快建成适合每个人的教育,努力使不同性格禀赋、不同兴趣特长、不同素质潜力的学生都能接受符合自己成长需要的教育。"美好教育正是倡导适合每个孩子成长需要的、符合每个孩子身心规律发展的教育。美好教育致力于破解均衡发展下的学校内涵式发展瓶颈,以县为主导的推进,更能促使学校办出更高的水平、办出更好的特色,更能促进学生的全面发展。

现代化是我国教育的旗帜,是教育行动的指南和灯塔。加快推进教育现代化,办好人民满意的教育,已成为新时代人民对美好教育的强烈需求。2019 年,中共中央、国务院印发了《中国教育现代化2035》，这一具有划时代意义的纲领性文件，规划了中国教育的未来发展方向、任务和路径，描绘了教育改革和发展的宏伟蓝图，同时旗帜鲜明地提出了"一地一案""分区推进"的要求，其中，最为耀眼的一笔是，"发展中国特色世界先进水平的优质教育"。县域推进教育特色化发展，正是基于这样的背景应运而生。

《中国教育现代化2035》提出了八个"更加注重"的基本理念，即以德为先、全面发展、面向人人、终身学习、因材施教、知行合一、融合发展、共建共享①。其中，"全面发展、面向人人、因材施教、知行合一、共建共享"理念，正是美好教育所遵循的基本原则，以县域为主体推进教育实现特色化发展，更能体现以上理念。

教育部原副部长刘利民曾指出，教育现代化的三个要求是标准化、信息化和法制化，我国基础教育在实现了"两基"之后，教育现代化水平不断攀升，尤其是义务教育均衡发展，极大地推动了县域内教育资源均衡配置，基本满足了人民群众对教育公平的需求；教育手段的信息化，一定程度上提升了整个基础教育的治理水平，基本解决了"人人有学上"的问题。但人民对美好教育的向往，已经指向了"人人上好学""人人要出彩"的高质量需求。教育现代化最核心、最艰巨的难题，是解决人的现代化，最终要落脚到培养德智体美劳"五育并举"全面发展的社会主义建设者和接班人上来。县域内推进教育特色化发展，正是破解当下教育现代化难题的一剂良药。这份文件的出台，破解了多年来基础教育优质资源分布不均衡、学校发展缺乏内涵、中小学课业负担重等顽疾，也为我们以县为主推进教育特色化发展，最终实现人民满意的美好教育，提供了政策依据。

2019年7月9日，中共中央、国务院印发了《关于深化教育教学改革全面提高义务教育质量的意见》（以下简称《意见》）。教育部副部长郑富芝指出，这是中共中央、国务院印发的第一个聚焦义务教育阶段教育教学改革的重要文件，是新时代我国深化教育教学改革、全面提高义务教育质量的纲领性文件。②

这一文件的主线是发展素质教育。众所周知，素质教育已经提了很多年，但是效果如何，众说纷纭。很明显，素质教育在教育改革发展过程中存在着量化难、可操作性差、落实不到位等问题，我们很难找到一把尺子去"量一量"素质教育怎么样。《意见》明确提出"五育并举"，对德智体美劳五育都提出了具体要求，"就是要着力解决素质教育落实不到位的问题。"这对我们建立科学的教育

---

① 中共中央、国务院印发《中国教育现代化2035》. [EB/OL]. http://www.gov.cn/zhengce/2019-02/23/content_5367987.htm. 2019-02-23.
② 关于深化教育教学改革全面提高义务教育质量的意见. [EB/OL]. http://www.moe.gov.cn/jyb_xxgk/moe_1777/moe_1778/201907/t20190708_389416.html. 2019-06-23.

质量观,指明了方向,树立了标杆,一定程度上缓解了教育教学中出现的抢跑、超前以及学生课业负担重等现象。

推进教育特色化发展最根本的任务是实现育人观的重建。育人观是教育观念的核心和灵魂,是对"培养什么人、怎样培养人、为谁培养人"这一根本问题的理论回应和实践起点。新时代,我们应该秉承什么样的育人观?吕玉刚认为:"《意见》中提到的'德育为先''全面发展''面向全体''知行合一'这16个字,正是从育人角度提出的正确、科学的教育理念。"县域推进教育特色化,就是促进学生在自我基础之上的全面发展,"让每一个孩子都享有高质量的义务教育",让人民群众享受到高质量教育带来的红利,这正是美好教育所追求的目标和最高境界。

以上政策文件,贯穿着强烈的改革创新精神,明确了教育改革的重要领域和关键环节,为县域推进教育特色化发展,办人民满意的美好教育指明了方向。我们以高质量发展为根本要求,深化教育领域综合改革,系统深化育人方式、办学模式、管理体制、保障机制改革,着力形成充满活力、富有效率、更加开放、有利于高质量发展的教育体制机制,全面推进人的全面发展。

第三节 实践依据

区域教育要真正办出特色、办出品牌,形成系统连贯的顶层设计,就必须找到科学的、符合本土实际的区域教育发展理念。国内一些地区已经在区域推进教育特色化发展方面走在了前列,这也为我们研究美好教育提供了实践依据。

一、发达地区典型经验

(一)上海以课程改革推进区域教育特色化发展

上海是基础教育改革的先行先试者。在推进区域教育特色化发展过程中,上海主要借助课程改革的力量加以推进。为让课程更好地为每个学生终身发展奠基,上海基础教育经历了两次课改。1988年开始的一期课改,重点聚焦"四个素质和健康个性培养",主要改变"大一统"现象。通过提出"三板块",即必修、选修和活动课程,打破传统的"大一统"局面,逐渐形成了"三线一面"和"三位一体"的德育体系。1998年,面向新世纪的新挑战,在传承一期课改成功实践基础上,上海再次启动中小学(幼儿园)课程改革,二期课改重点聚焦创新精神和实践能力培养。

持续30年的课改,让上海基础教育面貌发生了巨大改变。在2009年和2012年两次PISA(国际学生评估项目)测试中,上海以优异成绩震惊世界;2010年、2014年和2018年教学成果奖评选,上海硕果累累、成绩斐然;上海还在历年来各学科中青年教师全国各类教学大赛中成绩卓越,一大批教师在课程改革中脱颖而出;上海一至六年级数学教材输出英国,上海教师的教学能力得到英方同行的高度肯定,上海教研的实践范式引起同行广泛关注。①

上海课改之所以取得骄人成绩,根本原因在于上海教育人30年守真有恒的执着追求和探索,不断凝聚形成"课改经验"和"课改精神"。这些"课改经验"和"课改精神"可概括为,上海课程改革始终坚持从教育教学和人才成长的客观规律出发,坚持"为了每一个学生终身发展"的基本理念,追求同一个教育理想引领下的多样化实践,以人为本、因材施教,矢志不移、勇往直前,追求改革对教育本原的回归。"为了每一个学生终身发展"、追求同一个教育理想引领下的多样化实践,就是上海以课改提升教育者课程领导力为统领,积极推进区域教育特色化发展,最大限度满足每个人追求美好教育生活,促进人的全面发展的根本表现。具体概括为以下三点。

1. 传承接力:持之以恒做好一件事

课程与教学改革,回答着教育的三个根本问题,即为谁培养人、培养怎样的人和怎样培养人。课改启动必定有特定的时代背景、主旨思想和改革目标,同时还要有顶层设计、工作步骤、行动策略、反思完善等改革的具体实践路径。上海两期的课程改革,均涉及中小学课程方案、各学科课程标准及教材、教学过程、考试评价等领域,涉及面广,内容繁多。

一是30年课改的传承接力体现在对教育不断发展的传承。在20世纪80年代"三个面向""科教兴国"大环境下,上海首先开展"三个面向"教育思想大讨论,为日后上海的基础教育课程改革起到了非常重要的奠基作用。在教育思想大讨论的背景下,上海市政府尽早谋划面向世界的教育战略,筹划20世纪末21世纪初人才的培养,提出"要重视研究基础教育的学制和课程改革"。当时市教卫办领衔成立了教育战略发展研究课题组,对基础教育提出了"先一步,高一层"的要求。1988年,上海借全国教材改革规划工作会议的东风,对原有的教学大纲、课程教材、教学评价以及国际上相关状况进行了深入调研,由此为课改启动打下坚实基础。

---

① 赵玉成.守真有恒:探源上海课改30年[J].上海教育,2018(9B):23-29.

二是 30 年课改的传承接力体现在对同一个理念的传承。上海整个教育进程中,包括上海一期课改甚至以后的教育改革,始终没有离开"三个面向",对上海教育的影响非常深远,发挥了统揽全局的作用,既看到现在,又看到未来。一期课改在方方面面都突显了长期性和持久性的特点。在具体过程中,提出了"三个有所突破",即要在减轻负担、提高质量,加强基础、培养能力,提高素质、发展个性等方面争取有所突破,这个理念在上海 30 年课程改革中一以贯之,并在这一理念引领下,现在都实现了突破。

三是 30 年课改的传承接力体现在对课改方向的坚持。课程改革是世界教育改革的趋势,为了提高学生的素质和能力,上海的两期课程改革不断进行调整和优化。在课改过程中,所有人的目标和方向都很明确。虽然跑得快和跑得慢因人而异,但是大家的方向一致。这其中的关键,在于带领课改的掌舵人,从瞿钧、张民生、尹后庆到贾炜,都是专家型领导,思想理念一脉相承,彼此坚定传承和坚守 30 年课改的"不变"精髓,即坚持上海课改的理念和方向不变,坚持上海课改的精神不变,坚持推进上海课改的策略不变。

2. 上下贯通:顶层设计与基层突破

成就上海课改的智慧,除了传承接力之外,还在于既有顶层设计又充满一线实践案例,上下之间充分贯通,不断形成课改经验。在课改实践的具体策略上,体现了"自上而下"的系统设计与"自下而上"的基层实践双向互动。上海教研室主任徐淀芳认为,上海课改依靠上下一心、持之以恒、无私奉献的精神,以及坚持理论与实践相结合、目标导向与问题导向相结合、专家顶层设计与学校针对问题敏捷反应相结合的改革机制,为上海基础教育改革赢得荣誉,取得显著成效。

从顶层设计上看,1988 年 4 月,上海市政府工作报告指出,要抓好中小学课程改革,并把它列为市政府的一项重要工作。同年 5 月,朱镕基市长主持召开市长办公会决定,立即启动课程改革,成立课程改革委员会,并决定对课程改革拨款。

重心下移,以校为本。课程改革的方向来自政府,而力量源自基层,只有实现"自上而下推动"与"自下而上生成"相结合,课改落实才有保障。

3. 理念深化:从知识学习到关注人的整体发展

成就上海课改的智慧,还在于理念与时俱进。上海基础教育之所以能保持领先势头,一个很重要的原因在于,它每一个阶段总能审时度势地积极寻找持续发展的突破口。从"三个面向"开始,上海课改从原本单纯局限在教学,回到了马克思主义倡导的"人的自由而全面发展"思想。"人的自由而全面发展"包括人的需要的全面发展,人的能力的全面发展,人的个性的全面发展,人的社会关系的全面发展等。课改重心的转移,从以学科为中心,到以社会需求为中心,再到以人的发展为中心,从学科到社会再到人。

上海一期课改,以社会需求、学科体系和学生发展为基点,以全面提高学生素质为核心,率先建立起了课程教材改革理论模型,是首个构建起三大课程结构(必修、选修、活动课程)的城市。在课改中,上海提出了"素质教育理念"和"三角形的教育模型",即以社会发展的需要、科学发展的需要和学生发展的需要为三角形的顶点,以学生素质教育为中心,以德育为核心,创新精神和实践能力的培养为重点,以信息化带动教育现代化,培养学生健全的人格。

二期课改进一步提出了"以学生发展为本"的理念,突出学生发展的需要和成长规律。以学生发展为本的理念有三个内涵:学生是发展的主体,强调学生的全面发展,关注学生的个性发展。在二期课改实践过程中,以学生发展为本的理念深入人心,课程育人价值和"三维目标"得到确立,"三类课程"得到落实,学校课程进一步丰富,学校的课程领导能力不断提升,围绕创新精神和实践能力培养,以学习方式变革为标志的改革经验不断涌现。

为进一步提升教育治理能力和治理体系现代化,深度推进基础教育内涵发展,2014 年 11 月,上海引发了全市教育综合改革方案,举全市之力,全面启动、实施教育综合改革。上海 17 个区县分别制定了"特色鲜明、重点突出"的教育综合改革方案。为确保方案确定的目标任务有效落地,上海市统一构建了分步骤、分类别推进落实策略,要求各区县重在抓好落实,重在机制创新,注重把握好六个着力点,即:把学校作为策源之地,把课程改革作为重要引擎,把评价改革作为重中之重,把优化政策作为重要支撑,把体制机制改革作为关键着力,把法治思维作为有力保障。

(二)基于制度供给创新的基础教育发展

改革开放以来,伴随着浦东大开发战略的顺利实施,上海在我国社会发展的舞台上占据着越来越重要的地位。在许多社会发展领域,上海都扮演着"排头兵""急先锋""先行示范者"的关键角色,为我国改革开放的深入推进发挥了不可替代的重要作用。

在基础教育领域,上海勇于改革创新,在许多方面先行先试并取得了丰硕的改革成果。在第一期课程改革中,上海率先提出了"提高素质、发展个性"的改革目标,经过十年的探索,成效明显。在第二期课程改革中,上海提出培养"学生具有创新精神、实践能力和终身可持续发展能力的基础",这一目标为我国新课程改革提供了重要参考。2009年,上海基础教育改革进入内涵发展阶段,上海市教委又将提高学校课程领导力作为进一步深化课程教学改革的抓手,制定了"三年行动计划",全面提升各基层学校的课程领导力。

通过基础教育领域的一系列重要改革,上海市的基础教育得到了全面健康可持续性发展,始终走在全国基础教育改革的最前列,在全国率先基本实现了教育的现代化。此后,如何在更高水平建设上迈出新的步伐,如何继续为全国基础教育界提供可供参考借鉴的教育现代化实践经验,如何更好地满足学生和家长对优质多样教育的需求,就成为上海基础教育改革面临的挑战。对于上海来说,传统的单项变革,单兵突进式的改革,在许多重要领域都已经达到了改革极限,基础教育改革已经到了必须以综合性的制度创新引领教育转型发展的时期。

上海市在教育综合改革中,努力坚持把促进学生的健康成长作为一切改革工作的出发点和落脚点。基于这种核心发展诉求来整体性、系统性地进行制度设计,重点设计了三大制度体系:育人制度体系,管、办、评分离的制度体系,促进多方参与的开放性协同联动制度体系。

从实践效果上看,上海的区域推进教育综合改革的创新举措成效显著。制度供给上的创新性实践,为上海市的教育综合改革,奠定了坚实的发展基础和良好的变革环境。基层学校自主办学的意识不断被激发、被唤醒,主动提升办学品质的能力不断拓展和加强。学校朝着多样化、特色化、优质化的方向迈进,公办学校和民办学校都在积极探索多样化的办学方式,形成了一种取长补短、互相促进的竞争态势。正是在这种具有支持性的改革环境中,一大批"新优质学校",具有了正常生长的空间,从而不断涌现出来,这些学校能够基于自身发展基础,遵循教育发展规律和学生成长规律安心办学,形成了自己的比较优势和特色,取得了良好的社会效应。这些家门口的"新优质学校",使得上海市的义务教育和高中教育,真正朝着高位、优质、均衡的发展方向,迈出了坚实的步伐。

除了上海,还有浙江省、江苏省等发达地区,都确立了坚持省域统筹、以县为主推进教育特色化发展的战略。它们分别以课程改革、文化建设、育人模式转型等不同方式,积极推进区县教育特色化发展,促进了区域教育优质、均衡发展。

二、欠发达地区实践探索

推进县域教育特色化发展,在欠发达地区也有许多成功的案例。欠发达地区的实践探索为推进教育特色发展研究提供了可靠的实证依据。在学校特色培育方面,重庆市采取行政推动、科研引领的方式,推进区域教育特色化发展,在全国先行一步,取得了不少可喜的成果。

特色学校的培育机制要与现代学校制度建立密切配合,才能在上下联动中培育出具有办学价值的学校特色。2006年底,重庆市成立了中小学特色学校建设课题组,市教委主任、副主任担任课题组组长,并申请成为全国教育科学规划办的重点项目。在课题项目的统领下,对区县教委和学校进行理论培训,让教委主任和校长知道,什么是特色学校,什么是学校的特色,特色学校与学校特色之间、特色与学校文化之间是什么关系,特色学校与教学特色、管理特色、艺体特色之间又是什么关系。从市里到区县再到学校,逐层培训。通过培训,对特色学校的内涵有了比较清晰的认识。在此基础上,重庆市在实践层面逐步推开。

第一步,分类选点、典型引路。在选点上,第一选农村学校,第二选薄弱学校,第三选校长有积极性的学校,力争让每一所选点学校都成为特色学校。

第二步,边总结经验,边在全市推广。

第三步,深化提炼,进行学校特色与学校文化的关联研究。通过关联研究,特色升华成了文化,对学生一生的成长都有一些熏染,学校也有了质的飞跃。

第四步,以评估巩固成果、促进发展。对于评估,重庆形成了几个共识:第一,规范加特色;第二,合格加特长;第三,特色、特长由谁来评。就是这样的上下联动,才激发出了特色创建学校的内在发展力量,形成了特色学校多样化发展的良好态势。

以重庆市九龙坡区为例,这个区在重庆市统筹下,启动区域整体推进课程体系建设创新,以此推进区域教育特色化发展,促进教育均衡发展。

20世纪50年代以来,课程改革逐渐成为世界各国教育改革的重中之重,各国的学校课程制度,在课程建设主体、课程内容导向、课程结构设置、课程类型安排、课程开发和实施等方面,都发生了深刻变化。进入21世纪,伴随着我国新一轮基础教育课程改革的深入推进,课程体系建设已经成为学校实现内涵式发展的重要基础。许多学校以课程体系建设为核心,逐渐实现了学校的整体转型发展,北京大学附属中学、深圳中学、北京十一学校、清华大学附属小学、北京市朝阳区实验小学等,都是其中的典型代表。以课程改革带动学校整体变革,以课程建设为突破口,促进学校内涵优质发展,已逐渐成为一条重要经验。

世界课程改革的趋势和国内课改先行者的成功实践表明,推进面向未来社会发展需要的民主化、科学化、综合化的学校课程体系建设,促进学生终身发展、全面发展、个性发展,已经成为深入推进教育综合改革、全面提升教育质量的迫切需要。

在新时期的课程改革过程中,重庆市九龙坡区基础教育系统认真落实课改精神,积极探索,努力创新,取得了明显成效。与此同时,还面临着许多急需突破和解决的重要问题。这些问题集中表现在:学校领导者的课程观念还需不断更新,对学校课程体系建设意义的认识还需加深,课程领导意识和能力较弱;区域核心课堂教学理念在学校课程体系建设中还没有得到真正落实,学校课程体系建设与学校文化建设缺乏有机衔接,课程开发缺乏理念统领和整体策划,学校课程体系较为松散,特色不够鲜明;学校的课程自主建设意识较弱,校本化课程实施能力不足,尤其是基于课程标准对国家课程的二次开发意识和能力欠缺,小学阶段的课程整合和各学段之间的课程衔接建设还比较滞后;面向未来的一系列课程体系建设制度,如学校课程规划制度、课程开发制度、课程实施保障制度、课程审议制度和评价制度等,还有待建立和完善。

针对区域内学校课程体系建设中存在的问题,九龙坡区教委充分利用与中国教育科学研究院合作共建的实验区平台,积极发挥驻区专家组的专业指导功能,系统整体地推进区域内中小学校的课程体系建设工作。主要采取了以下措施。

一是联合调研,摸清现状,明确课程改革方向。课程体系建设是一项系统复杂的工作,必须建立在科学调研的基础之上。联合调研组在近一年时间里,对全区70多所中小学进行了全方位实地调查分析,全面、系统地掌握了中小学课程建设的现状,摸清了区域内中小学课程建设和课堂教学存在的问题,明确了学校课程体系建设需要改进的方面,为下一步课程体系建设的顶层规划和系统设计提供了可靠依据。

二是专家引领,顶层设计,行政全力推动。决定了课程创新的道路、明确了课程体系建设的方向之后,最重要的就是行政力量的大力推动。行政推动首先体现在课程体系建设的顶层设计和规划上。九龙坡区教委安排区教师进修学院在驻区专家组的引领下,制定并下发了《重庆市九龙坡区教育委员会关于全面推进中小学校课程体系建设的指导意见》,文件明确了区域推进学校课程体系建设工作是深化课程改革、推进全区教育发展与提升教育质量的中心工作,全区各学校要以办学理念、课程目标、课程内容、课程实施、课程评价等为抓手,着力建设类型多样、特色鲜明、能满足学生全面发展和创新人才培养的科学、高效、个性化、有特色的课程体系。

三是典型学校示范引领,夯实教研基础。课程体系建设不仅需要行政推动,还需要取得成功经验的学校的示范引领。谢家湾小学、实验二小等五所市级示范小学承办了全市卓越课堂暨九龙坡区课程体系建设现场会。实验一小、高新实验一小、兰花小学、鹅公岩小学、铁路小学、杨家坪中学、铁路中学等学校承担了区内外课程教学展示活动与课程体系建设考察学习交流活动。通过这些学校的示范引领,全区其他学校课程创新的热情得到激发。

随着区域内学校课程体系创新工作的启动和推进,全区70余所中小学结合自身课程资源建设、师资队伍、校园特色文化建设、校本课程开发等情况,先后研究制定出"学校课程体系框架图"与"学校课程体系实施方案",一批具有示范引领效应的课改名校涌现出来。如谢家湾小学的小梅花课程,在重庆市卓越课堂现场会上引起了强烈反响,其课改经验,通过《新闻联播》的报道在全国引发了学习的热潮;区实验二小的生本课程体系,紧紧围绕学生核心素养,对学生的主动学习、自主合作探究学习的培养效果明显,学校成为全国生本教育课程体系建设先行学校。另外,还有铁路小学的"动车组"课程体系、鹅公岩小学的"小天鹅"课程体系、杨家坪中学的"大成教育"课程体系、西彭二中的"开心"课程体系等,这些学校都成为九龙坡区课程体系建设对外宣传的窗口。

课程是落实立德树人根本任务的基本载体和关键环节。通过全域性的学校课程体系建设创新,九龙坡区学生的学业质量总体水平逐渐提高,尤其是学生的创新和实践能力提升明显。2015年以来,在国家级、市级各类竞赛活动中,九龙坡区学生获奖人数不断增加,获奖层次不断提升,学生和家长对学校教育教学工作的满意度与日俱增。

三、推进教育特色化发展的山东县区探索

回顾山东省推进县域教育特色化发展进程,我们看到,山东的研究工作起步较晚,实践推进呈现零散状态,省政府层面统筹、县域主题推进方面力度不够大。到2005年,山东省开始以省教育科研机构的名义,实行重大课题引领、区县(学校)项目驱动的方式,对推进县域教育特色化发挥推动作用。

(一)重大课题引领、县区项目驱动

山东省教育科学规划办公室确立"十一五"规划重点课题"学校文化与特色建设"研究,引领全省中小学开展教育特色化发展研究与实践,组建学校文化与特色建设总课题组,统筹项目学校实验工作。2005年5月,课题组研究制定课题调研方案,就学校文化与特色建设中的热点问题进行调研,形成初步的研究报告。

在课题准备之后,进入深化研究阶段。2008年5月,课题组在济阳县召开全省学校文化与特色建设现场研讨会,会议坚持理论研讨和经验介绍相结合,为课题深化研究奠定了基础。2009年5月,课题组在长清区石麟小学召开小学诗词文化研究现场会,就百年老校如何挖掘优秀传统文化,如何利用古老的诗词,改变学校文化氛围,改变师生状态,丰富师生生活,进行了深入的研究和探讨。2010年4月,课题组在滨州市博兴县召开全省学校文化与特色建设现场研讨会暨《基础教育学校文化建设研究》课题鉴定会,系统总结滨州市学校文化建设取得的成功经验,并考察博兴县整体推进学校文化建设现场,为全省学校文化现场鉴定积累经验。2010年10月,山东省教育学会、山东省教科所在枣庄市召开"苏鲁基础教育发展论坛暨名校文化与特色建设"研讨会,就名校文化与特色建设的热点、难点问题,进行了广泛的研讨和深入的探究。2010年11月,在济南市历城区召开"区域推进学校文化与特色建设现场研讨会",就学校文化与特色建设区域推进进行深入研讨,这标志着课题研究与实践从学校层面向区域层面开展。

课题进入总结提升阶段后,形成了文化与特色建设的经验,撰写出各具特色的研究报告、专著,撰写了课题研究报告和工作报告,以各种方式大力普及学校文化。在学校文化与特色建设的理论研究方面,主要就学校文化建设的基本理念、学校文化与特色建设关系开展了深入研究;在学校文化与特色建设的实践方面,主要就建设先进的理念文化、优雅的环境文化、科学的管理文化、和谐的教师文化、高效的课堂文化、丰富的课程文化等,进行了深入探索。通过课题研究与实践,进一步强化了校长的文化意识,明确了学校文化建设的重点,探索了学校文化建设的途径,形成了独特的研究成果,总结提升了研究成果。

总之,"学校文化与特色建设"课题研究,实行以文化为引领推进教育特色化发展,在一定程度上提升了全省中小学办学品位,提升了全省基础教育均衡发展水平。但是,该项课题研究,由于没有像上海那样传承与接力,没有保持理念贯彻始终,发起者没有遵循以县为主的基础教育管理体制,没有抓住以县为基本单元整体推进学校文化建设,最终致使特色建设研究没有达到预期效果,成效不够理想。

(二)省域统筹、县域主体推进教育特色化发展研究

2015年,中国海洋大学联合临沂市教育局,共同承担了山东省"十二五"重大招标课题《山东省推进县域教育特色化发展研究》。该研究历时四年,课题组深入青岛市李沧区、市南区、市北区,日照市东港区、五莲县,临沂市、兰山区、罗

庄区、经济开发区、高新区、沂南县、莒南县，以及聊城市部分县区，开展特色学校建设调研，掌握了第一手资料。同时，课题组对滨州、潍坊、济南等地市部分县区教育特色化发展实际情况进行了文献资料研究，综合形成了调研报告。

调研的大部分区县，在推进县域教育特色化发展研究与实践中，坚持以体现区域优势文化的核心概念作为本区域特色发展定位，形成区域特色统领、学校个性化推进的局面。例如，沂南县确立了"智慧教育"特色，各中小学围绕这一特色，各自确立自己的办学特色定位，如今已拥有沂南县第一中学的"智慧教育"、沂南县第三中学的"全人教育"、沂南县沂南经济开发区实验学校的"公民教育"等特色项目；罗庄区确立了"和美教育"特色。各学校确立的办学特色也呈现出百花齐放的局面，现已有临沂第四十中学的"和合教育"、临沂朱张桥小学的"和美教育"、河北小学的"唤醒教育"、临沂第十九中学的"英才教育"等特色项目；日照市东港区以海洋文化为统领，推进学校特色化发展，形成了各具特色的学校文化，现已有新营小学的"和美教育"、济南路小学的"润心教育"等特色项目。山东省初步形成了以"课程建设""文化建设""教学建设""整体统筹"为主线的县域教育特色化发展态势，这必将成为推动美好教育发展的内在力量，必将为建设教育现代化强省做出重大贡献。

第三章 美好教育战略规划

2019年2月,中共中央、国务院印发《中国教育现代化2035》。《中国教育现代化2035》明确了"中国特色世界先进水平的优质教育"标准,并规定了路线图和时间表,到2035年,把我国建成中国特色社会主义教育现代化强国,这为推进县域教育特色化发展,规划建设发展美好教育指明了方向。美好教育规划,要坚持以马克思主义"人的全面发展"思想为指导,依据新时代党的教育方针,应蕴含时代元素、体现新时代特点,反映新时代基本矛盾变化规律,实现教育与社会的协调发展。

在进行教育发展规划时,应注重愿景基础分析。在充分调研论证基础上,遵循教育发展规划的特点和基本原则,科学确定特色办学定位,明确县域教育特色化发展标准和基本类型,研究制定特色化建设的检验标准及改进方向,在县域行政推动下,实行以校为本、县校联动。以美好教育发展为价值追求的县域推进教育特色化发展,要把握区域和学校发展战略规划这个关键。

战略规划应对学校发展进行整体性、系统性设计,战略规划要有战略思维,聚焦社会主义核心价值观培育这个核心,系统关注新时代基础教育结构性变革,正确认识学校发展规划的功能,实行以县为主行政推动的思路,通过课程、文化、教学等路径建设,着力推动基础教育优质均衡发展,促进每个学生个性和谐可持续发展,全面落实立德树人根本任务。

第一节 美好教育规划基础及其实现条件

中国特色社会主义进入了新时代,在新的历史方位中,社会主要矛盾已经转化为人民日益增长的美好生活需要和不平衡不充分的发展之间的矛盾。教育是中国特色社会主义事业的重要组成部分,教育领域也同样存在着发展不平衡不充分的问题,有些方面表现得还很突出,这是美好教育实现的新背景、新形势。实现美好教育,需要站在新的时代背景下,认真分析客观条件和新时代基础教育的特点,搞好教育规划,寻找教育落地的力量。

一、美好教育愿景基础分析

(一)美好教育规划应蕴含时代元素

1. 美好教育规划要正确认识基本矛盾的变化规律

随着经济社会持续快速发展,我国人民生活水平显著提高,生活需要日趋多元化,对美好生活的向往更加强烈。"从物质文化需要"到"美好生活需要",从解决"落后的社会生产"问题到解决"发展不平衡不充分"的问题,反映了我国经济社会发展的阶段性要求,也反映了党和国家事业发展的重点要求。把这些新要求归结起来,就是要集中力量解决好发展不平衡不充分问题,更好满足人民日益增长的美好生活需要。

教育发展不平衡问题,主要体现在六个方面:一是区域教育发展不平衡;二是城乡教育发展不平衡;三是校际发展不平衡;四是教育结构发展不平衡;五是德智体美劳全面发展不平衡;六是家长对优质教育的理解和心态不平衡。教育发展不充分问题,也体现在六个方面:一是先进经验思想培植的实践不充分;二是教育支撑国家战略发展的能力不充分;三是对国家教育治理的参与不充分;四是教育公平的提升不充分;五是教育内涵发展的实现不充分;六是教育治理能力现代化的推进不充分。这些问题的存在,严重制约了教育现代化的推进和教育强国目标的实现。

以习近平同志为核心的党中央,对教育领域存在的发展不平衡、不充分问题始终高度重视。习近平总书记不仅提出"教育强则国家强"这一重要思想,而且提出"加大投资于人的力度",并把"提升人力资本水平"明确为供给侧结构性改革中"补短板"的重点工作。2017年习近平总书记"7·26"重要讲话中,又把满足人民对"更好的"期盼,作为满足他们对"更稳定的工作、更满意的收入、更可靠的社会保障、更高水平的医疗卫生服务、更舒适的居住条件、更优美的环境、更丰富的精神文化生活"期盼的首要条件,作为全党必须努力实现的目标。

同整个国家有一个从"大"起来到"强"起来的过程一样,我国教育事业也将经历一个从"有学上"到"上好学",从"大起来"到"强起来"的过程。建设教育强国是中华民族伟大复兴的基础工程,到2035年,我国将基本实现社会主义现代化。教育只有全面实现现代化,建成社会主义现代化教育强国,才能为我国最终建成社会主义现代化强国奠定坚实的人才基础,提供可靠的智力支撑。要整体实现教育现代化,就必须重点解决这些不平衡发展中的短板问题。

只有解决了这些短板问题,才能让每个孩子都享有公平的教育,让每一个孩子成为合格的社会主义建设者。

党的十九大报告提出,要推动城乡教育一体化发展,高度重视农村义务教育,努力办好学前教育、特殊教育、普及高中阶段教育,努力促进学前教育普惠发展、义务教育优质均衡发展、高中教育多样化发展、职业教育创新发展和特殊教育健康发展。这些目标的实现,不仅能极大地满足不同领域、不同区域、不同社会群体的教育需求,而且能满足各个年龄阶段的经验需求,最终实现"更好推动人的全面发展、社会全面进步"的目的。

2. 美好教育规划要反映新时代特点

中国特色社会主义进入了新时代,这是党的十九大对我国发展所处新的历史方位做出的一个重大政治判断。这一判断是总体性、战略性和阶段性的,也非常符合我国教育的实际。我国教育进入新时代,具有明显的标志,具有新时代的基本特点,表现出新时代教育工作的新特点,这些标志、基本特点等,表明了我国的区域和学校教育发展也进入了新时代。

第一,教育进入新时代的标志。

首先,我国教育"立柱架梁"的基础性工作已全面完成。新中国逐步建立起了完整的教育体系和制度框架,经过识字扫盲、技工培养、两基攻坚、高校扩招,以及从少数重点校到均衡发展水平再到全面提高质量等不同时期的重点教育政策,实现了从穷国办教育、办大教育,到世界第二大经济体办大教育的历史性变革。教育发展的四梁八柱已牢固建立,教育水平总体进入世界中上水平,教育改革转向"全面施工、内部装修"。按照党的十九大部署,下一步要努力让每个孩子都能享有公平而有质量的教育,推动城乡义务教育一体化发展,使绝大多数新增劳动力接受高中教育,更多接受高等教育,加快建设学习型社会。

其次,教育的主要矛盾发生了深刻变化。当前,人民群众"有学上"的问题已经得到解决,期盼的是上更好的学校,人民日益增长的对美好教育的需要和教育发展不平衡不充分的矛盾,成为教育的主要矛盾。这一矛盾的解决,既有不断增加优质教育资源供给方面的压力,也有社会发展不平衡不充分的大国国情的制约,还有对优质教育认识上和心态上的差异和影响。这就要求我们必须针对新时代特征,认真筹划美好教育供给,以多元有效的方式,契合社会对教育多样化的需求。

最后,优先发展教育的机制发挥着先导作用。按照规划要求,我国将于2020年基本实现教育现代化,到2035年实现教育现代化强国。教育现代化强国建设目标,比国家的社会主义现代化强国目标都要提前实现,符合世界教育和社会关系的发展规律,一个国家必然因教育、科技、文化、社会渐次发达而成为世界中心。我们的教育,必须为实现中华民族伟大复兴的中国梦提供有力支持。

第二,新时代教育的基本特点。

进入新时代,我国教育的基本特点也发生了变化,已由原来的"先导性、全局性、基础性",表现为现在的"基础性、民生性和决定性"特点。基础性是根本性的,表明无教育不行,材质的好坏决定了建筑质量的高低;民生性表明教育的影响无处不在,所有的材料都是教育的产品,每一个环节、每一个点都有教育的影子,人民群众在大厦中享受美好生活时看到的一切都与教育有关;决定性表明教育是影响生活质量与水平的关键,材质和风格凑合了就不是美好生活,因为这将影响人们的心情、心态,更将影响国家目标的实现。教育的基础性是基本不变的,是其他一切强国战略的前提,是社会和谐建设的基础,是坚持社会主义方向的基础。

第三,新时代教育工作的特点及其应对。

新时代教育的基本特点:教育与社会深度融合,各级各类教育特色鲜明而贯通,更加关注教育本质,精准解决突出问题,社会主义办学方向的重要性更加凸显,将改革与制度建设相关联。针对新时代教育新特点,教育规划实践首要的应对策略,是加强教育标准建设。

按逻辑关系看,重要的标准有成长标准、学校标准、学业标准和课程标准。其次是关注每个个体成长。新时代是彰显多元个性的时代,人们对美好生活的认识和追求不同,需要在同一标准下寻求特色,和而不同、各美其美、美美与共、丰富多彩。这里面的个体包括学校和学生个人。我们要办好每一所学校、教育好每一个学生,这是现代化教育的必然要求和努力方向。每一所学校都关系着一批又一批人的未来,不同层次、不同类型的毕业生都应该并且能够出彩,必须推动每所学校特色发展和卓越发展,让每个学生都能健康成长。最后是聚焦立德树人根本任务。立德树人是根本任务,需要在各个环节全面加强。教育必须为人民服务,为中国共产党治国理政服务,为巩固和发展中国特色社会主义制度服务,为改革开放和社会主义现代化建设服务。

(二)寻找美好教育的落地力量

改革开放40多年来,我国在推进基础教育快速发展方面取得了举世瞩目的成就,但同时也必须看到,在基础教育领域中仍面临一些诸如"片面追求升学率"等长期没有解决的老大难问题。与中国其他方面的改革一样,教育改革已经到了必须攻坚克难的重要时期。要想克服教育顽疾,带动中国基础教育持续健康发展,真正办出让越来越多的人满意的高水平基础教育,必须适时调整发展基础教育的思路,对教育特色化发展科学规划、准确定位,努力建立独特的管理模式和校园文化,为学生的优势潜能和兴趣爱好的发展,提供优质教育资源,从而真正把推进基础教育的特色化建设落到实处。

我国是一个受教育人口众多的教育大国,又是一个人均收入不高的发展中国家。在这样一个国家里发展基础教育,政府必须因势利导安排工作重心,以集中力量解决基础教育发展中面临的最为迫切的问题。客观来看,在中国这样一个幅员辽阔、发展基础千差万别的国家,各地基础教育发展水平呈现多样性特征是不可避免的。在经历了改革开放40多年的发展之后,在实现区域内义务教育基本均衡的前提下,如何加快推进基础教育的高水平、特色化建设,是值得重视的现实问题,是人民对美好教育的必然要求。

1. 美好教育愿景认同

随着我国社会发展水平的提升和人民群众生活质量的改善,人民群众对于优质教育的需求更为强劲,低水平的"有学上"已经不能满足需求。从"人人有学上"迈向"人人上好学"是基础教育的未来发展方向,也代表了人民对美好教育的向往。什么是真正的优质教育或人民满意的教育?优质教育到底能否实现?我们必须有符合实际的清醒的认知。

2019年10月12日,教育部在浙江省海盐县召开全国县域义务教育优质均衡发展督导评估认定启动现场会,交流全国推进县域义务教育优质均衡发展工作典型经验。会上,陈宝生部长指出,要准确把握义务教育优质均衡发展的内涵要义。一是全面发展的理念更鲜明。坚持有教无类,五育并举,因材施教,为每一名学生提供适合的教育。二是标准化建设程度更高。补齐短板,解决大校额、大班额问题,加快提档升级,做到"校校达标""项项达标"。三是教师队伍更强。要努力实现教师队伍素质更强、待遇保障更强、管理制度更强。特别要解决好教师和校长交流轮岗等制度,确保城镇薄弱学校、农村学校有更多好老师。四是人民群众更满意。指标合格了,人民群众不满意,这不是真合格,只有指标和人民群众满意度双合格,才是真正的优质均衡。

面对现实,我们不得不追问,教育在根本上到底是引导人们竞争少数所谓优质学校的有限录取额度,还是把重点放在适应和发展学生的优势潜能、兴趣、爱好上?这是判断我们的教育是否坚持以人民为中心的唯一标准。

2. 特色化建设是教育难题破解之路

在片面追求升学率的背景下,学校教育积累了越来越多的长期无法解决的问题。这些老大难问题有:学生负担过重的问题;分数至上、体育和道德教育薄弱、学校综合教育效益低的问题；学生特长发展和兴趣、爱好难以满足的问题以及学生的实践能力和创新能力差的问题。实践证明，通过均衡发展，只能解决教育中资源合理供给和机会均等问题，而无法解决上述盘亘日久的老大难问题。无论是社会还是学校，都强烈期望通过开辟新的发展思路，推进学校特色化建设，从根本上解决这些教育难题。

这些"老大难"问题虽然表现形式多种多样，但最终都指向同一个拉动力，这就是要求学生置其他于不顾，在多个考试学科的学习中都达到很高的水平，以便推动他们在考试中获得综合优胜。要想从根本上消解这个拉动力，必须对教育理念、教育过程的构成形态和考试制度进行重大调整。

特色学校建设的价值在于，通过构建有利于学生潜在优势和兴趣、爱好发展的新的教育构成形态，实践"基础性全面发展＋较高水平特长发展"的新的教育目的观，牵动高考科目设计和录取制度安排发生重大变革，从而为破解教育难题坚冰打开一条新的通道。特色化建设为解决基础教育中诸多难题开辟了新思路。

3. 美好教育是基础教育高水平发展的必然

当前，基础教育在法制保障、有效投入、管理体制、课程改革、均衡发展等方面的任务已初步完成，必然要开始关注教育难题的根本性解决、儿童青少年学校生活质量的提升以及学生优势潜能及个性化兴趣、爱好的充分发展。"一校一品"已经成为许多地方对学校发展和改革的基本要求。

基础教育发展到今天，特色学校建设需求的爆发式增长，也是现实社会和教育发展的必然选择。事实正是如此，我国关于基础教育的特色化发展的研究和尝试呈快速增长的态势。从中央到各地的教育行政管理部门和教育科研规划部门，普遍采取专门立项的方式，支持学校开展特色化建设的研究。

区县教育部门应根据当时社会历史条件和教育发展所面临的主要问题，适时转移工作重心，调整发展基础教育的理念、思路和目标，既要继续深化基础教育的均衡发展，又要积极探索推进基础教育高水平有特色发展的实践路径。

4. 马克思主义"人的全面发展"思想为基础教育特色化发展提供了坚实的理论基础

无论是从马克思主义"人的全面发展"思想的角度，还是从人类社会和教育进步的角度，都应特别关注人的个性化、自主、自由发展在当代教育目的中的价值和意义。虽然人绝对的自由发展是不存在的，但给予人们更多自由发展的空间，却是社会和教育进步的发展方向。

马克思主义关于人的全面发展思想，不仅包含着促进人的全面协调发展的思想,也包含着促进人的自主、自由、个性化发展的重要思想。北京师范大学厉以贤教授指出,马克思"人的全面发展"的内涵,指人有目的地联合起来控制和发展物质基础,并消除其历史造成的自发性和盲目性;消除人的发展中的矛盾,从而达到人的智力和体力,精神劳动、物质劳动和享受,生存和发展的统一;使人的潜能和天资、兴趣和才能得到前所未有的充分发展;使人的身心、精神(道德)、才能、个性得到全面而丰富的发展。厉以贤先生对自由发展有更为具体的解读,他说:"所谓自由发展,第一,就是说每个人的发展不再屈从于其他任何活动和条件,例如,奴隶般的分工、屈从于被迫从事的某种活动等;第二,人的发展能为个人所驾驭。"

考察世界教育的发展走向和当代先进教育的基本特征,可以发现,在原始社会到现代社会的历史发展链条中,社会制约和人的自主、自由发展间的博弈虽有反复,但最终总是朝向有利于人的自主、自由发展的方向前进。事实也证明,较之传统学校,现代学校提供了更为多样化的选修课程、选做活动和更具个性化的教育指导方案。这说明,即使在基础教育的义务教育阶段,教育资源配置和教育过程的设计,也应给予学生越来越多自主、自由选择的空间。

从实践上看,我国一直处于优质高中和大学资源十分短缺的局面。这种情形下,在中考、高考中取得优胜,自然会成为学生、家长、学校甚至地方政府竞相追逐的核心目标。这使得全面发展的目的观,逐步蜕变为学生在考试科目上的"高水平""均衡""全面"的发展,而学生的潜在优势、个性化的兴趣爱好以及实践能力和创新能力的发展,都在这种认识和实践中消失殆尽。

教育改革今后要想走出"深水区",在攻克教育顽疾方面取得重大突破,应当进一步明确"在保证学生适度全面协调发展的基础上,促进学生优势潜能和个性化兴趣、爱好的长足发展"的教育理念,这不仅是中国教育未来人才培养的诉求,也是特色学校建设的根本目标、检验标准和方向保障。

二、美好教育规划需要建立科学标准

《中国教育现代化2035》指出,到2035年,把我国建成中国特色社会主义教育现代化强国,明确了"中国特色世界先进水平的优质教育"标准,并规定了路线图和时间表。这为推进县域教育特色化发展、规划建设和发展美好教育指明了方向,提供了美好教育向科学性回归的指导。

(一)美好教育规划要体现教育的科学性

美好教育需要科学的标准,呼唤教育的科学性回归。因此美好教育规划要突出教育的标准意识,聚焦教育的科学标准。

1. 美好教育规划呼唤科学性回归

美好教育何以发生?我们的教育是否具有科学性?没有丰富而具体标准的教育,到底还会赢得其他人的专业尊重吗?为什么我们的教育缺乏科学性?

20世纪初,英国学者李约瑟提出了著名的"李约瑟难题":尽管中国古代对人类科技发展做出了很多重要贡献,但为什么近代科学和工业革命没有在近代中国发生?

当代科学思维所具有的主要特征,在于讲究逻辑和实证。而东方思维恰恰缺少了逻辑和实证精神。其中一个重要原因,在于中国人所惯有的东方思维方式:中国古代有深刻的辩证法思想,却未产生辩证逻辑;有判断,但没有系统论证,更没有由概念和推理组成的文本。

"缺少了科学思维,近代科学没有在近代中国发生,导致了近代中国的落后;没有科学思维,也使我们的教育陷入感性的经验主义的泥淖。"现实中,在各种观点和口号"贴标签"的指挥下,有多少人知晓学习究竟是如何在大脑中发生的?有多少人分析过知识的类型?又有多少人研究过不同类型的知识是否需要不同的教学方式?……

教育因缺乏丰富而具体的标准,缺失了科学性,如果没有科学性的教育,那就不是真正的教育,教育的专业性将无从谈起。①

中国的教育工作者习惯于表达观念,"以学生为中心""自主学习""合作探究",几乎在每个人的发言中反复出现。即使谈到做法和措施,在回答"为什么这样做"时,也往往拿出"因为我们要以学生为中心"来回答。以"观念指导实践,然后再用这一观念来证明实践",这种"自证",让我们倡导的一些观念,总是高高飘在天上,不容易落地生根。

新课程改革效果之所以不理想,原因在于新课程的可操作性较差,这表现在各学科课程标准表述简单而笼统,简化、不全面,忽视了课程标准的可测性、严谨性、清晰性和精确性,这种教育改革即使花样再翻新,口号再响亮,也不会触及教育的核心,不能导致教育真正发生。因此,我们要以科学思维办教育的勇气,从课程标准和办学标准的科学性出发,让科学思维慢慢扎根在所有教育者心中,让教育回归本真状态。

2. 美好教育规划要聚焦教育标准

进入新时代,随着社会和教育主要矛盾的转换,教育关注的重心和焦点需

---

① 李帆.未来教育的挑战和抉择[J].人民教育,2014(2):24-28.

要适时调整,需要由外部条件保障,深入到教育本质内涵,更加关注人自身的成长命题,更加关心每个学生的健康成长。因此,我们需要不忘初心、牢记使命,以全面贯彻党的教育方针、促进人的全面发展、办好人民满意的教育为根本,着力满足人民对美好教育的期盼。

我们的教育还存在一些短板和不足,主要体现在以下三个方面:一是教育发展的不平衡不充分问题,如区域、城乡、校际、人群、结构、德智体美劳全面发展的不平衡,观念先导、公平推进、内涵发展、制度保障、社会服务、国际参与的不充分等;二是教育的工具性外部特征明显,如过于看重分数、证书、升学、就业等个人显性外在要素,以及规模、奖牌、等级、升格等学校粗放外延标签等;三是理论与实践存在脱节现象,如一些倡导的方向与现实的做法存在着"两张皮"现象,许多家长、学校拼命追求的东西其实自己也并不喜欢。因此,面向未来的教育,需要内化于心,更加关注教育的本质,聚焦人自身的健康成长。这就需要解决教育的主要矛盾,针对发展的不平衡不充分问题,不断扩大优质教育资源供给,全面提高教育质量,不断满足人民对美好生活、优质教育的需求。

质量是教育的生命线,是人民群众对教育的关注点,是新时代教育的中心工作。如何评价质量?答案是必须符合青少年身心发展和成长规律,符合教育规律,在总体框架下满足个性化的需求。

教育的标准反映了对教育规律的掌握及其程度,不同标准之间要有一定的逻辑联系,上位决定下位,制定标准的原则是宏观有序、微观搞活,体系内要相互衔接。按照逻辑递进关系看,重要的教育标准有成长标准、学校标准、学业标准、课程标准。

成长标准。成长标准,依据的是儿童青少年身心发育规律和人才成长规律。分级分段的学生成长标准,是一切标准的基础,其制定要以各年龄阶段、各教育阶段儿童青少年的身心发育成长和人才成长规律为基础,力求循序渐进而非揠苗助长。孩子接受教育的阶段也正是其身体、心智逐步发展成熟的阶段,绝不能以损害孩子身心健康为代价而单纯、超时、非理性地灌输知识。例如,该到 10 岁时学的东西,让孩子在 7 岁就学了,事倍功半不说,还有可能影响孩子正常的身心发育,更甚者还会抑制其好奇心、形象思维、创造力等关键素养的发展。因此,成长标准是基础工程,区域和学校教育必须严格遵循学生生理、心理和教育科学规律,真正发展素质教育,实现孩子德智体美劳全面发展。现行教育与成长规律不相符的地方就是教育必须改革的内容。

学校标准。学校标准一定要依据学生成长标准,不能都是课堂教学,要依据本阶段教育活动开展的需求制定。在每个年龄段、每个教育阶段,孩子成长和发展的重点不同,教育活动安排和教育内容模式也就不同。各级各类教育在不同阶段有自己的目标,不同学校有自己的使命和定位。党和国家对人才培养的一系列要求,如立德树人根本任务,以及社会责任感、创新精神和实践能力培养,要分布在不同成长阶段、通过不同学校来全面贯彻落实,是久久为功,而非一蹴而就。各级各类学校要有针对性地抓住各学段的育人重点,各项教育活动都要跟上,学校标准需要配套。

学业标准。学业标准反映了基础教育某大类课程的培养要求,不一定是越高越好,若盲目追高求快,有可能违背规律。我们需要以科学严谨的态度来认真对对待,在凝聚共性的基础上,学业标准要适合、贴切。学业标准还需要突出每一阶段的发展重点,在认知能力、身心发展、合作意识、社会责任感等方面,提出相应要求。

课程标准。课程标准体现了每门具体课程的内容、方式、目标等要求,是学业发展中的一环,同时也不能脱离学生具体的成长阶段。制定课程标准,一要考虑课程之间的联系,二要考虑本课程与其他教育活动之间的联系,三要确定本课程涉及的知识点、技能点、能力点及培养方式,引导学生合理搭建包括知识、技能、思维力共同支撑的智能结构,促进每个学生全面、健康、持续发展。

(二)教育规划应实现教育与社会的协调发展

当前,国家正下决心大力发展社会事业,这为教育与社会协调发展提供了前所未有的机遇。以新课程改革为主线的素质教育改革,是我国基础教育改革的重大举措,但新课程改革在实践中遇到了较大阻力,突出表现为各方面对新课程改革的思路和举措尚未达成广泛共识。如果没有基本的共识作为基础,改革可能会陷入混乱而最终流于形式。教育规划要寻找教育与社会协调发展的契合点,实现教育发展在各领域、各阶层中的均衡,促进县域教育特色化实现最大限度地发展。

1. 教育规划应达成素质教育共识

任何一项改革,至少应在以下方面达成共识:存在的问题是什么?问题是否可以被解决?解决问题的条件是否具备?社会各界对基础教育需要改革并无异议,但对问题和解决措施还缺乏广泛共识。认识问题是进行改革的关键,只有把问题找准,才能对症下药。有人认为,我国基础教育的最大弊端是过分强调应试。事实上,考试只是社会对个体进行分层筛选的一种手段,其目的是为了筛选。所以,与其用应试来概括我国教育的特点,不如用筛选更为确切。

当教育被赋予太多的工具价值之后,教育的理想价值被挤压和扭曲,也就在所难免。实践中,一些家长和教师对考试成绩的关注,甚至超过学习内容本身。

教育作为筛选工具,在古今中外都不能避免。对于教育而言,履行筛选职能责无旁贷。关键是,一个教育体系能否在进行筛选的同时,还能兼顾教育的内在价值,按照既定教育目标培养人,通过教育使学生在知识、技能、道德、体质、审美和情感方面全面发展。从这个角度讲,我国基础教育的问题不在于应试和筛选,而在于没有调和教育的工具价值和理想价值这对矛盾,在筛选中没有兼顾教育的理想价值。简言之,我国基础教育最重要的弊端在于筛选标准失当。[①]

我国基础教育的另一个不足在于张弛失度。教育是收放结合的过程,即所谓"文武之道,一张一弛"。收放平衡是教育中最重要的艺术之一,但在实践中,一些教师为了管理方便,为了维护教师的权威,往往只收不放,并且常常收错对象,有的教师经常不自觉地把规范从行为道德扩展到认识和情感,结果不但束缚了学生认知和情感的发展,而且影响了对行为和道德的正常规范,两边都没做好。

按照政府和社会倡导的核心价值观去培养学生的行为习惯和道德规范,在任何国家和社会都很有必要,但关键是不能因为强调规范而束缚创造性。在我国基础教育中,由于规范的不当迁移,造成束缚学生思维、抹杀学生个性的现象较为突出。

科学教育不甚得法,是我国基础教育存在的又一个不足,这与我国历史上经学教育发达、科学教育落后的状况有关。我国传统教育有"重政务、轻自然、斥技艺"的倾向,教育视野一直被局限在与政治关系密切的社会人生范围内,科学和科学教育作为舶来品,在我国一直没有很好地扎根。

我国的科学教育过分机械呆板,面对从自然规律中抽离出来的孤立知识,学生常常只是借助记忆和不断重复的习题训练来获得肤浅的理解。这种教育方式既没有激发起学生探究的兴趣,也没有教会学生进行探究的方法。虽然学生在各种竞赛中获奖,考试成绩也很优异,但创造力却远远落后于其知识掌握的程度,有的属于典型的高分低能。

总之,当前我国基础教育的主要弊端,是筛选标准失当、张弛失度和科学教育不得法。造成这些问题的原因很复杂,既有历史文化传统的原因,也有社会方面的原因,还有教育体系自身的原因。在这三个弊端中,最根本、最重要的还是筛选标准失当,因为这个问题直接导致了教育的内在价值被吞噬,进而造成了教育的扭曲。相对而言,张弛失度和科学教育不得法只是具体的技术问题。

---

① 乔锦忠.当前基础教育改革中的两个主要障碍[J].人民教育,2007(18):23-24.

2. 教育规划应符合筛选标准

初看起来，按照既定教育目标实施教育教学，然后再按照学生的表现进行筛选，并不是很难的事，仿佛只要按图索骥便可，教育被扭曲似乎很不应该。但事实上，教育实践偏离教育目标难以避免。教育目标本身包含德智体美劳等多个维度，而各个维度的可测性不同，有些目标，比如知识和技能，很容易客观测量，但有些目标，比如道德、情感和审美，则很难客观测量。正是某些教育目标的模糊性，决定了教育实践偏离教育目标的可能性。

可能性并不意味着必然性。只要大家对模糊性的教育目标能在认识上达成一致，教师能够坚守职业良知，对学生在模糊性教育目标上的表现进行公正评价，仍然可以保证教育实践不偏离教育目标。遗憾的是，现实中入学机会对于学生及其家庭太重要，人们不情愿在如此重大的事情上依赖教师的主观评价。为了让大家放心，也为了体现公平，只好采用大家都能接受的客观标准作为筛选依据，于是，考试成绩便成为升学筛选的唯一有效依据。而筛选标准的残缺，直接导致了教育内容的残缺和学生片面发展，这是问题的根源。

如何才能让残缺的、片面的教育，回归到理想的、全面的教育呢？办法只有一个，那就是把教师对学生的主观评价结果加入筛选，把学生在那些不能通过客观标准测量的其他教育目标中的表现，也作为筛选依据。但主观评价的有效性，依赖于教师信用。信用非常重要，它不仅具有商业价值，而且还具有公共价值。理性和客观的脚步是有限的，没有信任和信用作为基础，很多机制都无法有效运转。没有教师信用制度作为基础，教育体制同样也不能很好地运转。只有建立起教师信用制度，基础教育改革才能有实质性的突破。或许有人认为，在目前的文明程度和教师道德水准下，不具备建立教师信用制度的基础。事实上，亚洲金融危机以来，我国个人信用制度建设已经取得了长足进步。为了开展消费信贷业务，已经建立了很多信用系统。建立教师信用制度，从技术上已经没有任何困难。因此，基础教育改革的条件已经具备。

除了筛选标准失当的问题外，我国基础教育在筛选的具体操作中也有一些问题，其中突出的问题是筛选开始晚、缺乏指导、次数少和补救不力，也就是人们常说的一考定终身现象。如果能像发达国家那样，在初中期就开始进行定向观察，采用指导等柔性手段和考试相结合的办法进行多样筛选，并在筛选后保持学术轨和职业轨之间的互通，以实现纠错，那么，升学考试的压力就会大大减轻，筛选对教育的负面影响也会大为减少。

改进张弛失度的问题，最重要的就是掌握好收放的对象、时机和尺度。对行为和道德要收，对认识和情感要放；对行为道德要早收，用力先大后小。研究表明，小学阶段是道德规范和行为习惯养成的关键期。行为习惯和道德规范的形成有一个从他律到自律的过程，在他律阶段用力要大一些，进入自律阶段力度可以适当减轻。

科学教育的问题需要从课程、教材、教法等方面进行全方位的改革[①]。新课程改革在这方面已经做了大量探索。科学教育既要让学生掌握科学知识，也要让学生对科学产生兴趣，同时，还要注重培养学生敢于怀疑和批判的科学精神，养成收集证据的习惯，学会观察和分析。为此，要向学生介绍科学发现的背景，还原科学发现的过程，让学生了解科学对经济和社会所产生的影响。

(三) 教育规划要实现从均衡发展到特色发展

学校特色化发展的实质，是学生个性全面发展。如果说在学校发展的重点化和均衡化阶段，其核心目的在于满足国家对人才数量的迫切需求和每个人都能享受到有质量的公平的话，那么，特色化发展阶段才真正实现由"物"到"人"、由"少数人"到"全体人"的回归与跃升。学校存在的价值和教育的本然目的，都是培养人，特色化学校存在的价值，就在于培养有个性的人，其目的是使儿童少年的个性获得发展。[②] 过去批评教育——"千校一面、万人同书、万教一法"，新课程实施后，"万人同书、万教一法"的局面正在逐渐改变，但在学校层面，似乎改变不大，学校不仅建筑大同小异，就连校长、教师的介绍也差不多，学校的特色无从谈起。进入新时代，美好教育的实现，必须从转换育人模式入手，要改变学校气质，提高教育教学质量，全面落实立德树人根本任务。

1. 用特色改变学校的气质

美好教育规划，应该用特色化发展去改变学校的气质。大量调研发现，现在的教育虽然在数量上实现了普及，但传统"精英教育"的根基没有受到根本性的动摇。精英教育的主要特点是选拔、淘汰学生，有选拔就有固定的标准，这个标准就促成了学校的同质化。我们讲的同质化，不是质量的质，是性质的质，是指学校的性质都一样。20世纪90年代，都按照标准化来建设校园，课改之前，全国学生一本书，都是同质化的表现。导致同质化还有一个原因。现代学校制度建设还在摸索之中，教育行政部门的管理权限很大，学校的办学自主权很有限，自主办学只是停留在口号上，这就导致了学校的同质化，有些时候，甚至连学校的办学理念都一样。

在同质化办学的情况下，教育者和办学者首先没有话语权，其次他们的活

---

① 乔锦忠.当前基础教育改革中的两个主要障碍[J].人民教育,2007(18):24-25.
② 邬志辉.学校特色化发展的重新认识[J].教育科学研究,2011(3):26-27.

动也很少有选择权,只能按规定来办事。规范高于创新;结果重于过程。校长和教师在没有话语权和选择权的情况下,就不会去主动思考,只是一个执行者,只能按照上面布置的任务去做。没有把自己看成是一个原创者,更没有把自己看成是一个改革推动者。中国有影响的教育成果都是原创的,是有特色的,如情境教育、愉快教育、成功教育等。学校办出特色,不仅提高了教育效率,也产生了巨大的社会影响。

学生是浸润在学校中成长的。学校的同质化,对于培养个性化的人才、多样化的人才十分不利。特色化发展需要研究,如果教育者跟风,就不会思考,就不能进入到教育的深层次去思考、分析、研究一些问题。这样的教育者,不可能培养出个性化的学生,也不可能建设出特色学校。

相反,有的学校根据自己的实际和学生的成长需求,实验"动漫作文"教学改革,就很好地体现了学科综合化的改革方向。"动漫作文"作为一个有效的教学载体,将目前"分科"实施的语文教学、美术教学、计算机教学和综合实践活动有机地整合在一起,不仅极大地激发了学生的学习兴趣,而且形成了学校自己的特色。"动漫"直接促进了学生的综合发展、全面发展,而且是有个性的全面发展。①

特色一定是个性化的东西。作为特色课程,一旦作为特色的核心组成,如动漫作文特色,不能只作为课外活动,停留在主流课程的外围,要进入国家规定的教学计划。教育行政部门应该主动争取政策,建立教育科研孵化基地,让加入基地的学校可以突破现有的课程。县域教育部门可以在县域范围内设立若干所"教科研孵化基地"学校,为学校的创新,为学校的个性化办学,提供一个试验平台。特色活动(项目)一旦成为特色课程,就要进入主流课程,如果只是作为一种边缘存在,不能深刻地影响学校,就不能成为真正的学校特色。

进一步说,真正的特色,应该是学校个性和独特风貌的稳定体现,而这种稳定,可以通过进入主流课程得到保障,并且要在学校整体上体现特色,包括课程、理念、物质景观布置等。当然,要在整体上突显特色,需要政府的大力支持。

特色应该是一种文化浸润。如果特色只是在外围打转转,如钢琴特色、书画特色,只是课外活动,没有主课,为特色而特色,这种办特色学校的思路本身就不正确。以前要求学校"校校有特色、人人有特长",只是搞形式的东西,不能影响学校的办学思想,很难坚持下去。

真正的特色能够影响办学思想,并进而改变一所学校的气质。我们不能把

---

① 邬志辉.学校特色化发展的重新认识[J].教育科学研究,2011(3):28-29.

学校特色简化成为学校的特点，诸如校合唱团、科技小组，这些只是作为特色项目，只能影响部分学生。特色学校建设需要一个较长的过程，不能认为学校找到一个项目或办几个特长就算成功。

因此，创办特色学校，首先要有一个明确的指向，这个指向不是最后的考试和成绩，而是指向把学校办成学生的精神家园。教育部门到学校调研，要明确对学校讲明，不调研学科成绩，只调研特色。要鼓励每所学校，通过不同的途径，打造各自的特色，不仅有利于提高学生的素质水平，而且社会反映也会好起来。如果学校找准了特色定位，用几年的时间磨出特色，教育质量会实现跨越式提升。

2. 从特色建设走向文化建设

一所薄弱学校，要想办出特色，就要努力找到自己的特色。因此，建立特色学校，首先要立足于对学校教育的理解，让学校走自己的路。这需要有一个细致反思的过程。我们提倡小课题研究，针对身边的疑问去做自己想做的课题。通过课题研究，可以比较系统地厘清对教育的理解。这种理解是个性化的，是学校办出特色的基础。如果没有对教育个性化的理解，所谓的特色只能是空中楼阁。同时，建设特色学校如果借鉴特色项目，缺乏对这个项目背后教育意义的独特理解，这个项目只能成为一个很边缘地对学生生活的补充，不仅谈不上特色，而且生命也不是很长。真正的特色，一定是教育者在对教育的个性化理解基础上形成的。

在形成个性化理解之后，需要为特色寻找一个载体。这是非常困难的事情。为特色找载体，要寻找到体现校长教育理念的载体，而不是简单地从别的学校拿过来使用。在创办特色学校时，要鼓励校长和教师开展研究，从研究的角度，去寻找大量的案例，去借鉴、分析和研究已有的模式，把别人的做法进行组装和改造，形成自己的载体。在这个研究的过程中，哪些可以借鉴，哪些不可以借鉴，都要基于对教育的个性化理解。外出参观，学习兄弟学校的典型经验，往往只能学到他们的做法，而学不到他们的想法，这就是对教育的个性化理解问题。

当发现、找到载体以后，这个载体有可能成为学校的特色项目。这个特色项目只有引起学校整体"质"的变化，才能真正成为特色学校。在这个过程中，学校应该注意哪些问题呢？第一，要立足新的制度设计。现在学校办学存在着"因人而异"的问题，校长凭着个人魅力和威信，让大家跟着他做特色，根本没有制度作保证，校长一换就不行了。特色学校的发展，需要学校制度做保障，包括管理制度、评价制度等。比如：一所学校的科技节，如果能用制度固定下来，就不会因人而异了。第二,要有一个团队。建设特色学校,需要有一个核心团队,如果一所学校 20%～30% 的教职员工成为学校的核心团队,这个学校的特色就有了人才保障。因为团队的最大优势是可以形成氛围,让特色不再是校长一个人的想法和意志,而成为一批人的共识。第三,在形式上,多搞一些沙龙式的活动,为特色建设提供文化支撑。因为特色建设肯定与文化建设联系在一起,而沙龙是文化建设的重要方式之一。围绕一个特色、一个话题,没有任务、没有工作,大家一起聊,就可以创造性地进行发散思维,形成活跃的文化氛围。

特色规划建设与文化建设是连在一起的,必须有文化做支撑。对新建学校来说,没有根基、文化和传统,但当它迈向特色学校的时候,肯定是与学校文化相伴而来的。校长在建设特色学校时,要密切关注学校文化,加快文化的培育,通过特色的建设,逐渐积淀成为文化。校长可以根据自己对教育的个性化理解,围绕特色,每年为师生举办多次讲座。讲座要求不讲如何应考、拿高分,而是给师生真理的熏陶、知识的拓展。在讲座的不断开设中,不仅学校的特色出来了,而且学校的文化也有了,慢慢地,特色与文化就相伴而生。这种学校文化,才是真正意义上的文化。

总之,学校文化可以把特色建设作为载体,通过特色建设来营造氛围。学校的一切,如校徽、制度、景观等,都要按照特色来做,时间久了,就积淀形成一所学校的文化。真正的特色是文化特色,特色建设的最终落脚点是文化建设。

3. 要为学校特色找到"灵魂"

特色学校的规划建设,对校长和教师提出了更高的要求,比如对特色学校的理解,对教育的个性化理解等。这些理解不仅决定了学校特色的可持续发展,而且决定了学校特色的层次高低。当学校找到特色载体之后,经过一段时间的实践,就应对载体进行一种哲学的、审美的体验或审视,提炼一种灵魂的东西。这要具备几个条件:第一,学校已经在实践方面做了大量富有成效的探索,校长和教师都有了很多的感悟。第二,学校本身需要对原来做的事情进行认识上的升华,需要从哲学意义上去把握,把它"点石成金",把对学校特色的感悟和探索上升到理性层次。只有如此,学校特色才能固化下来。现实中,有的学校特色虽然做得很好,由于缺乏梳理、思考的过程,没有对教育整体的认识,对特色的认识不能上升到理性层次,常常出现口头语言表达很好,而用书面语言表达不出来或写不好的现象。

特色建设的研究与实践证明,哲学的思考,在特色学校建设中有着重要的作用。当校长和教师把有些做法与哲学观点联系起来,很可能会提炼出一个独到的特色理念,这个理念可以一直传承下去。就是说,学校特色想持久下去,关键要对特色进行哲理层面的反思,同时还要有一些哲学观点,像先学后教,就是一种哲学观点。因此,对致力于建设特色学校的校长和教师,应该从更高的层次上去理解和思考"特色"。只有对特色有更深的理解,有更抽象的凝练,特色的覆盖面才会更大,才能给人更多的影响。

特色学校的"特色"要对学生的一生产生影响,就必须从特色学校所隐含的教育核心价值观和教育理念上去思考,一旦涉及教育价值和教育理念,肯定涉及哲学。否则,如果让学生搞科学、做活动,都是表面的,它里面肯定隐含着其价值追求。如果对这个价值追求,我们有感悟、有直觉,想要把它清晰起来,就需要动用哲学。一般而言,不是所有的学校都能成为特色学校,但每所学校都是有特点的,如何把特点变成特色,需要自觉地去发现和优化它,才能影响到整个学校,成为学校的"灵魂"。

第二节 美好教育发展规划与设计

以美好教育发展为价值追求的县域教育特色化发展推进工作,要把握区域和学校发展规划这个关键。区域和学校发展战略规划的根本目的,就是改善学校管理、提高学校的效能。战略规划应对学校发展进行整体性、系统性设计,战略规划要有战略思维。美好教育规划要聚焦学校共同文化,把握时代脉搏,体现时代内涵。美好教育战略规划最根本的要求是依据党的教育方针,遵循教育发展规划的特点和基本原则。

一、美好教育规划要有文化战略意识

战略规划是对学校发展进行整体性、系统性设计,是基于学校现实状态而进行的、面向未来一定时期发展状态的设想。战略规划是学校管理的重要手段,制订和实施战略规划是学校发展的内在需要,有助于学校领导和广大教职员工明确自己所承担工作的地位与意义,理解自身工作对实现战略目标的影响,促进学校实现自主发展。这需要明确学校发展规划的内涵与基本特征。

(一)县域教育发展战略规划性质与特点

如前所述,区域和学校发展战略规划的根本目的是改善学校管理、提高学校效能。学校规划的制订过程,应该体现在学校管理者对学校未来发展的新思考与新探索,科学的规划应具有全局性与前瞻性特点。在特色化学校建设过程

中,学校管理者应通过系统分析学校发展的历史传统,深入挖掘学校资源,在学校办学理念指引下,确立学校特色办学目标,科学规划学校特色发展道路,以促进学校特色建设科学、持续和稳定开展。

1. 县域教育特色化发展战略规划重点

学校发展不仅需要常规的工作计划,也需要一个周期为三年、五年甚至更长时期的规划,关注战略规划的目标、思路付诸实际的工作安排和行动方案。因此,编制战略规划要注意与工作计划的区别,注重战略规划全局、重点和长远的谋划。

首先,谋划全局。战略规划是对区域、学校整体的系统的设计,是基于区域学校现实状态而进行的、面向未来一定时期发展状态的设想。在战略规划中,课程发展、教学发展、管理发展、文化发展、教师发展等,都要放在区域全局中来考虑,要从全局发展的需要来设计。因此,在局部与整体的关系上,整体优先于局部,局部服从整体。在战略规划中,要正确处理好二者的关系,在整体设计基础上,谋划全局时也要高度重视局部设计。[1]

其次,谋划重点。学校发展面临的机遇和挑战很多,千头万绪,在规划中往往令人难以取舍和抉择。战略规划就是要超越各种具体问题,抓住影响学校发展的重大问题、核心问题和关键性问题进行重点设计,如此,方可提纲挈领,将学校发展的总体思路梳理清楚。在学校发展的不同阶段,战略规划应当解决的重点问题不同,要采取重点项目来突破,突出这个阶段的重点工作安排。战略规划编制完成后,学校整体的发展局面就像一盘棋,环环相扣、步步衔接,蓝图描绘出来,轻重缓急弄清楚了,具体工作就顺利计划和安排好了,教育特色化的"特色"就逐渐凸显出来。

最后,谋划长远。战略规划所覆盖的时限往往要持续一个时期,一般来讲,少则三年五年,长则八年十年,甚至二三十年。其中,涉及八年十年或更长时期的战略规划更具有战略意义。战略规划所关注的,是可以预期的未来。现在的信息越来越发达,预测手段越来越先进,预测和规划能力不断提高,对学校长远的发展状态可以比较准确地预测和设计。因此,战略规划要谋划长远,不能短视或近视,要看到长远发展和未来趋势,及时把握教育现代化发展趋势,永远使区域和学校教育发展都纳入中国特色社会主义教育发展道路。

2. 战略规划要有战略思维

战略规划要做好谋全局、谋重点、谋长远的工作,必须要有战略思维。首

---

[1] 别敦荣.论大学发展战略规划[J].教育研究,2010(8):36-39.

先,战略思维是一种整体思维,着重于宏观设计,超越一般的、具体的层面而关注学校发展的整体性问题(项目);其次,战略思维是一种重点思维,确定优先发展的问题(项目)和发展的核心问题(项目),将这些问题(项目)集中起来进行重点思考,从中找到学校发展的方向;再次,战略思维是一种主体性思维,不拘泥于文件,强调超越具体规定,形成学校自身的办学主张和追求;另外,战略思维是一种责任思维,是基于学校的责任而进行的谋虑,是对学校长远负责任的选择,超越个人利益、局部利益和眼前利益;最后,战略思维是一种理想思维,以基础教育理想为支撑,不畏惧各种困难和风险,在设计教育发展未来时,适度超越现实,更具理想化特征,使战略规划具有引领的价值。

(二)美好教育规划要聚焦学校共同文化

1. 特色化发展规划要关注共同文化建设

对于学校特色规划建设,江苏省教育科学研究院杨九俊研究员认为,学校建设问题多多,他将其概括为"共性不共、个性不个"。许多学校正因为没有遵守基本的共同规则,没有遵循基本的经验、规律,没有坚守教育和学校的基本精神,教育者也就缺少了研讨个性的基础。同时,学校受到考试文化和标准化思维的深刻影响,功利至上,随波逐流,从而形成千校一面、同质化的局面。学校"个性不个",在某种意义上就是由"共性不共"导致的。要坚守共同文化,探索共同文化,因为不同群体,不同地域,不同传统,不同定位,就一定能生长出个性来。区域和学校教育特色化发展,要关注共同文化建设,反映特色教育的本质。

2. 共同文化的基本特征

共同文化有许许多多的特征,其中的基本特征有纯粹性、基础性、共享性、发展性等。

"纯粹性"是指教育特色化发展要有教育之纯、学校之纯,要超越功利主义,回到本质精神,回归教育本真。"基础性"是指共同文化要对个性化教育重新理解,个性化教育只有建立在共同基础知识基础上,才是最有效的、高质量的。"共享性"是指学校建设的共同文化,是不同学校共有、共享以及共同坚守的东西。"发展性"是指共同文化不是一成不变的,需要不断探索、不断发展。学校建设关注共同文化,不仅是共同文化的实践,也包含了共同文化的探索和创造。[1]

3. 建设学校共同文化

推进县域教育特色化发展,建设学校的共同文化,需要遵循以下基本原则:

---

[1] 杨九俊.学校特色建设:"寻找属于自己的句子"[J].教育研究,2013(10):29-36.

第一,合"法"性。"法"是秩序的基础,学校作为一个组织,总是在一个有秩序的体系内运行,合法是其前提。学校建设首先要强调法治精神,教育工作者要理解法律法规条文背后的价值意蕴,坚守依法治校、依法治教的底线。

第二,合"理"性。这里的"理"是道理、规律。学校建设自然要遵循教育的基本规律,教育之"纯"、学校之"纯",就在于按照教育规律办学。从学校建设这个命题来看,合"理"性至少要重点关注两个方面:首先,学校承担培养什么人、怎样培养人的使命。苏霍姆林斯基在《把整个心灵献给孩子》中说:"真正的学校,那是儿童集体的丰富多彩的精神生活,它以多种多样的志趣和爱好把施教者与受教育者联系在一起。"这些基本内涵体现了教育和学校的纯粹精神。其次,学校作为一个组织必须体现的基本精神。第三,学校组织结构的优化、机构能力的建设、学校文化的创新等等,都是有基本规律需要我们理解、发现和表达的。

第三,合"时"性。学校特色建设要"寻找属于自己的句子",一定会烙上鲜明的时代印记。学校特色建设的时代性首先是批判性的,应当从对现实的反思和批判起步。教育工作者要强化专业意识、专业追求、专业坚守,摒弃经验性、习惯性的做法,打破标准化思维的影响,否则,学校和学生都成了某个模子里的产品,难免千校一面。学校特色建设要正视这些问题,并且通过实践否定、去除这些弊病。学校特色建设的时代性也是建设性。每个时代的学校,象征着这个时代特有的现实,学校文化应当体现鲜明的时代精神。学校转型发展的内涵,要体现时代诉求,实现质量的优质化,形态的多样化。当然,学校建设还应有大视野,要站在思想前沿,去审察、思考问题,关注时代进步的整体要求,领悟中国特色社会主义新时代精神的本质意蕴,按照《中国教育现代化2035》和习近平新时代中国特色社会主义思想为指导,这样才能在文化建设的意义上研究学校特色建设问题,以学校特色化发展推动学校的整体进步,促进师生的全面和谐发展。

二、美好教育规划要把握时代脉搏

在中国特色世界先进水平的优质教育中,中国特色是本质特征,是中国社会主义教育的根本属性;先进水平是公共价值,是中国教育所具备的、世界性的共同价值;优质教育是内在品质,是中国教育所具有的品质特征。概括地说,中国特色世界先进水平的优质教育,是新时代中国教育现代化进程中重要的理念创新、思想创新和目标创新。美好教育规划的关键,在于凸显区域和学校教育的共同文化,体现中国特色社会主义教育现代化发展最新特点和要求。

(一)美好教育规划的时代坐标

2019年2月,中共中央、国务院印发《中国教育现代化2035》,以更高远的历史站位、更宽广的国际视野和更深邃的战略眼光,总体设计了中国教育现代化的战略目标和宏伟蓝图。在这份文件中,第一次提出"中国特色世界先进水平的优质教育"的价值理念和发展目标,充分显示了中国教育的发展水平、理论创新和教育自信,是新时代中国教育面向现代化、面向世界、面向未来的集中体现。实现美好教育,推进县域教育特色化发展,必须充分体现新时代中国特色社会主义教育的本质内涵。

"中国特色世界先进水平的优质教育"是美好教育的时代坐标,是县域教育特色化发展规划的指南针和方向盘,也是新时代中国特色社会主义现代化教育强国建设努力的方向和目标。中国特色世界先进水平的优质教育是什么样的?教育部教材局巡视员申继亮对其内涵作了界定,他认为,看一个国家的教育水平如何,可以从四个方面来审视,即普及率、结构、公平性和质量。

教育现代化包括人的现代化和国家现代化两个层面,人的现代化是国家现代化的基础。要从两个方面深刻理解新时代中国特色社会主义教育现代化的内涵和方向:一是要"培养一代又一代拥护中国共产党领导和我国社会主义制度、立志为中国特色社会主义奋斗终生的有用人才",解决人的现代化问题;二是要"加快推动教育现代化、建设教育强国、办好人民满意的教育",为国家现代化奠定强大基础。

《中国教育现代化2035》明确提出了当前和今后一段时期教育现代化的总体要求:全面加强党对教育工作的领导;全面贯彻党的教育方针,坚持马克思主义指导地位、坚持中国特色社会主义教育发展道路、坚持社会主义办学方向;立足国情、遵循教育规律、坚持改革创新;凝聚人心、完善人格、开发人力、培育人才、造福人民;培养德智体美劳全面发展的社会主义建设者和接班人;加快推进教育现代化、建设教育强国、办好人民满意的教育。同时明确了推进教育现代化的基本原则:坚持党的领导、坚持中国特色、坚持优先发展、坚持服务人民、坚持改革创新、坚持依法治教、坚持统筹推进。

《中国教育现代化2035》提出了推进现代化的八个"更加注重"的基本理念,即以德为先、全面发展、面向人人、终身学习、因材施教、知行合一、融合发展、共建共享。提出了十大战略任务,也就是学习习近平新时代中国特色社会主义思想,发展中国特色世界先进水平的优质教育,推动各级教育高水平高质量普及,实现基本公共教育服务水平均等化,构建服务全民的终身学习体系,提升一流人才培养与创新能力,建设高素质专业化创新型教师队伍,加快信息化时代教育变革,开创教育对外开放新格局,推进教育治理体系和治理能力现代化。

教育部基础教育司申继亮认为,评判我们的教育是否具有中国特色,关键看是否体现"四个服务",即:为人民服务,为中国共产党治国理政服务,为巩固和发展中国特色社会主义制度服务,为改革开放和社会主义现代化建设服务。而体现"四个服务"的关键又取决于立德树人根本任务的落实,是否为广大青少年打好中国底色,是否注入红色基因,是否练就过硬本领。

申继亮认为,衡量我们的教育是否具有世界先进水平,可以抓住三个关键词:一个是创新,具有引领示范能力;一个是开放,能够与其他文化对话;一个是前瞻,体现人类社会发展的趋势。随着网络化快速发展,人工智能的广泛应用,未来德育、艺术教育和体育会越来越重要。这是因为未来人的闲暇时间越来越多,生活品位越来越高,同时未来人类也会更愿意追求生命的意义感。

(二)美好教育规划应体现时代内涵

中国特色世界先进水平的优质教育,包括三个主要方面,即中国特色、世界先进水平、优质教育,具体体现在以下六个方面。①

1. 体现社会主义教育根本任务

社会主义是中国教育的本质特征。培养什么人、如何培养人、为谁培养人,是教育的根本问题。在社会主义教育的根本任务上,要全面贯彻党的教育方针,以"四个服务"(为人民服务、为中国共产党治国理政服务、为巩固和发展中国特色社会主义制度服务、为改革开放和社会主义现代化建设服务)明确"为谁培养人";以"中国特色社会主义建设者和接班人"明确"培养什么人";以"创新育人""实践育人""协同育人"等明确"如何培养人"。推进教育现代化是一项系统工程,要坚持党的领导、坚持中国特色。这需要我们把培养社会主义建设者和接班人作为根本任务,为党育人、为国育才。要坚持教育的公益性,充分发挥我国制度的优势,立足国情、面向世界,扎根中国、融通中外,走中国特色社会主义现代化道路。

2. 体现世界先进质量标准

构建完善的标准体系是教育现代化的必备条件,也是现代化水平的重要体现。在过去几十年教育发展进程中,以规模发展为核心,以数量增长为标准,最为缺少的是质量标准体系。"完善教育质量标准体系"是《中国教育现代化2035》制度创新的重要领域。

在整体要求方面,紧密结合教育现代化的目标要求,"制定覆盖全学段、体现世界先进水平、符合不同层次类型教育特点的教育质量标准",建立健全中小

---

① 高书国.中国特色世界先进水平优质教育的时代内涵[J].人民教育,2019(6):35-38.

学各学科学业质量标准和体质健康标准,都体现了新时代中国教育现代化的高标准、高要求和高质量。

在条件配置方面,为了提高教育质量,必须具备更高水平的办学标准、硬件和软件条件。《中国教育现代化2035》提出,加强课程教材体系建设,科学规划大中小学课程,分类制定课程标准,丰富并创新课程形式;建立以师资配备、生均拨款、教学设施设备配备等资源要素为核心的标准体系和办学条件标准动态调整机制。

在教师队伍方面,努力建设一支有理想信念、有道德情操、有扎实学识、有仁爱之心的教师队伍。党中央、国务院始终高度重视教师工作,《中国教育现代化2035》进一步从强化师德师风建设、优化教师队伍管理、培养高素质教师队伍和提高教师地位四个方面,整体确定了未来一个较长时期教师队伍建设的重点,真正做到了提高教师的政治地位、社会地位、职业地位,让广大教师享有应有的社会声望。

在发展水平方面,要普及有质量的学前教育,九年义务教育学生学业质量进入世界前列,全面普及高中阶段教育,高等教育普及程度达到发达国家水平,为建设一支强大的知识型、技能型、创新型劳动大军做出贡献。2035年总体实现教育现代化,迈入教育强国行列,推动我国成为学习大国、人力资源强国和人才强国。

3. 体现中华优秀教育思想和传统文化

中国是一个有着五千年文明历史的国家,教育伴随并推进了经济社会发展。中国经济总量在1820年前的数百年持续处于世界第一,足以证明中国教育在封建社会、农业文明时代的先进性。孔子"有教无类"的思想,荀子"终身学习"的思想,甚至以科举为代表的国家教育统一考试制度,选拔了一代又一代国家精英。进入21世纪,美国、英国、德国、俄罗斯等国,都曾学习、借鉴中国统一考试的经验和做法。中国教育的优秀思想和文化传统,对世界教育产生了长远而深刻的影响。

改革开放40多年来,我国经过不懈探索、借鉴、学习和变革,已基本构建起了中国特色社会主义现代化教育体系,成为世界上教育发展最快的国家,并以快于发达国家50%的速度,初步实现了战略追赶。

当今中国,教育开始回归,回归本土,回归中华优秀传统文化。勤劳智慧的中华民族,通过努力学习、汲取经验和智慧,不断发展自我、壮大自我,终于从一个人口大国转变为一个人力资源大国,从一个文盲大国转变为一个教育大国,并正在向教育强国迈进。更重要的是,我们开始慢慢地捡拾曾经失去的自我,开始捡拾那些曾经放弃或曾经失去的优秀文化传统,更加注重以德为先,坚持有教无类;更加注重全面发展,坚持以文化人;更加注重因材施教,坚持学以致用;更加注重终身学习,坚持学有所教。不断加强中华优秀传统文化、革命文化、社会主义先进文化教育,增强民族自豪感和自信力。发展中国特色世界先进水平的优质教育,是新时代中国教育的核心任务,体现着中国特色社会主义教育的制度自信、水平自信和质量自信。

4. 更加体现公平、让人人出彩

世界上没有两片完全相同的叶子,生命的价值在于各美其美,集小美为大美,为美好自然、美好世界做出自己的贡献。现代化的基础与核心是人的现代化,没有人的现代化就没有真正意义上的现代化。《中国教育现代化2035》提出,坚持服务人民,把满足人民群众接受良好教育的需要作为教育改革发展的出发点和落脚点,着力解决人民最关心最直接最现实的教育问题,努力办好人民满意的教育。我们所强调的教育的人民性,既体现在作为一个整体的人民性,也体现在作为每一个生命个体的人民性。

新时代教育工作的指导方针是:凝聚人心、完善人格、开发人力、培育人才、造福人民。《中国教育现代化2035》提出,要更加注重全面发展,更加注重面向人人。人的全面发展是马克思主义教育思想的重要内涵,更是中国特色社会主义教育的内在要求。中国特色世界先进水平的优质教育,必须满足学习者个性化、多样化学习和发展的需求。为此,必须建成服务全民终身学习的现代教育体系,形成网络化、数字化、个性化、终身化的教育体系,满足学习者主动发展、家庭和谐、生活幸福的需求。

我们要努力提供公平、优质、包容的教育,让教育改革发展成果更多、更公平地惠及全体人民,让人人都有人生出彩的机会。人人出彩,国家出彩,世界才更加精彩!

5. 体现中国智慧、中国方案

2017年7月26日,习近平总书记在省部级主要领导干部专题研讨班开班式上指出,"中国特色社会主义拓展了发展中国家走向现代化的途径,为解决人类问题贡献了中国智慧、提供了中国方案"。在教育发展和教育现代化进程中,中国同样也为世界贡献了中国智慧、提供了中国方案。我们在一个经济相对落后的国家,实现了教育快速健康发展,成功探索了一种"后发内源型"教育现代化新模式,体现了几代领导人和全体人民的中国智慧。底子薄、人口多是发展中国家的共同特点,但经过几十年的不懈努力,我国基本实现了教育公平发展,各级各类教育普及水平进入世界前列,培养了世界最大规模的科学家和工程师队伍。

我们着眼于全球教育发展中扫除文盲、妇女教育、教育扶贫和人的可持续发展等共同问题,为解决世界教育问题提供中国方案。在教育资源不足的情况下,我国实施了人民教育人民办的策略;我们集全国之力,建立了现代公共教育服务体系;普及了几年义务教育,女性教育参与水平接近发达国家平均水平;大力发展成人教育,推进自学考试,解决了在职人员学历提升和持续教育问题;在全球率先推出一流大学计划,引领新一轮高等学校的改革发展;建立了世界最大规模的贫困学生资助体系,使亿万适龄儿童和青少年圆了上学梦、大学梦。

我们利用社会主义制度优势,推进教育整体管理、高效治理,为全球教育治理提供中国方案。几十年来,我国建立了比较完备的教育法律法规体系,形成教育发展战略规划制定、管理和实施机制,建立了世界最大规模的现代化教育体系;中国特色社会主义现代化管理制度更加完善,教育治理能力和水平持续提升;实现中央与地方职权明确、合理分工的教育治理体系和运行机制;全面参与联合国各项教育重大议程,共同面对全球化挑战,提升教育开放水平,推进世界各国教育交流互鉴。中国特色现代学校制度更加完善,教育国际影响力日益提升,形成政府、学校、社会依法共同参与教育治理的制度保障,实现教育治理现代化。

6. 更加体现文化自信走向世界,进入世界中等发达水平

中国教育走向世界,经历了"被动国际化、封闭国际化、单向国际化和双向国际化"四个阶段,新时代中国教育国际化正处在历史最好时期。在双向国际化阶段,中国教育将更加开放,一方面学习借鉴世界各国先进的教育理念、教育思想和教育研究成果,另一方面将主动参与国际教育事务,在适时、适度、适量和双方自愿的原则下,逐步向外介绍中国教育发展经验和模式。

未来一个时期,中国教育对外开放的重点:一是全面加强与世界各国和国际组织的务实合作,不断丰富开放内涵,提高开放水平和国际影响力。二是构建中外教育交流合作新格局、新模式和新平台,向世界各国特别是发展中国家分享中国教育改革和发展的经验。三是努力将我国建成具有国际影响力的教育高地,成为世界重要的留学目的地国家。四是适当输出优质教育资源、课程教材和教育研究成果;五是积极参与全球教育治理,深度参与国际教育规则、标准、评价的研究与制定,参与全球范围内国际教育交流与合作。

中国教育正在更加自信地走向现代化、走向未来、走向世界。中国作为重要的教育大国,必须办出更高水平、更加开放的教育,促进各国民心相通、文明互鉴,以教育交流为手段,积极推进人类命运共同体构建,为人类更加美好的未

来做出更大贡献。

三、美好教育规划的依据与原则

美好教育规划的制订要立足实际,从区域政治经济文化特点出发,反映区域教育特色,依据党的教育方针,遵循县域教育方针规划的基本原则。

(一)美好教育规划依据

1. 依据县域政治经济文化特点

县域是加快教育现代化的关键点,是推进教育特色化发展的突破口。县域是重要的教育单元与教育治理单元,在我国历朝历代中,县域都是重要的治理单元。目前,县域是我国经济、社会、政治、文化等功能比较完备的行政区划单元。就教育管理体制而言,我国基础教育管理"以县为主",县域在促进教育发展中起到举足轻重的基础性作用。区域教育特色化发展规划即美好教育规划坚持以县为主,就要在教育学、社会学、生态学等理论与方法指导下,按照适应性、多样性、平衡性、动力性、共同演进性的原则,结合县域文化特点,使区域文化与学校教育生态建设之间相互适应、多样选择、相互平衡、相互激励、共同演进,既能促进对区域文化的研究,又能促进学校的特色化建设。学校应在立德树人、文化传承与创新、人才培养、社会服务等方面凸显区域文化,建设独具区域文化特色的学校,以避免学校同质化发展,推动县域教育特色化发展和学校生态化健康发展。

县域文化是在一定区域内因其自然条件、人文条件、历史传统,或者其他特殊背景而形成的不同的物质文化、精神文化和制度文化,它反映了本地域人们的生活状态和生存方式,包括思维方式、价值取向、行为习惯、社会心理、审美追求等,因此,县域文化具有地域性、典型性、独特性、教育性。县域文化为学校建设提供了特色化发展的基础与特色依据。

特色化发展要通过特色办学实现。所谓办学特色,是指学校在长期的办学过程中所表现出来的区别于其他学校的独特的办学理念、独到的办学风格以及在人才培养、校园文化等方面的特色,具有独特性、稳定性和发展性。推进县域教育特色化发展规划遵循人、自然、社会和谐共生、良性循环、全面发展、持续繁荣的立体化、动态平衡,建设独具县域文化特色的优质学校,以推动县域内中小学教育的健康发展。

2. 依据党的教育方针

新时代呼唤美好教育,美好教育需要正确的指导思想,新思想引领新时代、开启新征程。做好教育尤其是美好教育规划,要坚持习近平新时代中国特色社会主义思想为指导,确保正确的发展方向。

党的十九大在我国全面建成小康社会决胜阶段、中华民族走向伟大复兴的关键时期,站在历史和时代的战略高度,以广阔的视野、深邃的洞察力,深刻分析了国际国内形势,站在新的历史起点,宣示了中国特色社会主义进入新时代,明确了中国特色社会主义的历史方位,形成了习近平新时代中国特色社会主义思想,开启了全面建设社会主义现代化强国的新征程。习近平总书记在主持召开学校思想政治理论课教师座谈会上的重要讲话,全面系统地提出了新时代党的教育方针的总要求,对于指导中国特色社会主义教育事业发展具有重要战略意义。

新时代贯彻党的教育方针的总要求:第一,核心是围绕"培养什么人、怎样培养人、为谁培养人"这一最具战略决定性意义的根本问题,规定了教育的性质、目标、任务和实现路径;第二,坚持马克思主义指导地位,贯彻习近平新时代中国特色社会主义思想,坚持社会主义办学方向,落实立德树人根本任务,指明了教育发展的根本方向;第三,坚持教育为人民服务、为中国共产党治国理政服务、为巩固和发展中国特色社会主义制度服务、为改革开放和社会主义现代化建设服务,"四个服务"明确了教育的根本宗旨;第四,提出扎根中国大地办教育,同生产劳动和社会实践相结合,明确了教育的实现路径;第五,提出加快推进教育现代化、建设教育强国、办好人民满意的教育,努力培养担当民族复兴大任的时代新人,培养德智体美劳全面发展的社会主义建设者和接班人,明确了教育的根本目标。将德智体美劳全面发展思想写入教育方针,是对马克思主义关于人的全面发展思想的继承和发展。这是对党的教育方针的新发展,对教育总要求的新认识、对教育工作目标的新要求。①

新时代党的教育方针最鲜明的特点,第一次把"坚持马克思主义指导地位,贯彻新时代中国特色社会主义思想,坚持社会主义办学方向"写进了方针;第一次把教育"四个服务"写进了方针;第一次把"扎根中国大地办教育"写进了方针;第一次把"劳"写进党的教育方针,提出了德、智、体、美、劳"五育"并举的人才培养新要求,为我国教育发展指明了方向。新时代党的教育方针在我国教育史上具有里程碑意义,对我国教育事业发展具有重要历史意义和时代意义。

(二)美好教育规划基本原则

县域教育特色化发展规划,是立足区域全局、面向区域未来,在系统分析影

---

① 翟博.新时代教育工作的基本指针[N].中国教育报,2019-09-16(专论).

响区域教育发展各要素的基础上,积聚多种优质资源,整合多种有利因素,确定区域教育特色化发展的价值追求、发展目标、改革思路、战略任务、布局方案、政策保障等方面的活动过程与文本表达。教育规划的制定,既是思想的统一过程,也是行动实践落实的过程。因此,县域教育特色化发展规划是区域教育改革发展重要的顶层设计,需要不断强化协同性、科学性及现代性,保障区域教育综合改革顺利推进。

1. 教育规划的协同性

县域教育综合改革设计受制于内外各种复杂问题与复杂关系,单一的内部改革难以撬动综合改革,必须有序规划、协同推进。一是要充分发挥党政领导部门的主导协同作用。县域党委政府要发挥规划主体作用,在区域教育规划指导思想的确定以及一系列关键事件中扮演重要角色。二是要重视外部协同。区域教育发展规划的视野,要避免局限于教育内部,要多方倾听家长、社区以及发改局、编委办、文化局等部门的意见,集中各行各业的人力、物力、财力共同推进综合改革,转变区域教育发展方式,促进区域教育快速发展。三是要重视内部协同。区域教育综合改革的基本单位是区县,它突破了以往以学校为基本单位的学校本位改革,更加注重教育内部的协同。区域教育规划的内部协同,要求关注不同学段教育之间,普通教育与职业教育之间,学校教育与家庭教育、社区教育之间的联系。区域教育内部协同还要求关注学校之间的协同发展,以学区制、集团化的改革思路,因地制宜、统筹推进学校协同发展,改变过去学校单兵突进、单一改革的旧思路、旧模式,充分依靠区域内不同学校的优势,实现优势互补、抱团发展。

2. 教育科学规划的科学性

县域教育规划的科学性主要表现在方法科学、程序科学、目标科学、举措科学等方面。

首先是方法科学。在制定规划前,要深入分析区域教育改革和发展的背景、现状,对本区域与其他区域教育发展状况做横向比较,查找本区域教育发展中存在的问题与发展的空间。SWTO分析是区域教育规划制定时普遍采用的方法。

其次是程序科学。制定区域教育规划的程序是,先广泛征求各个群体的意见,了解各个群体的思考与建议。起草人员要相对广泛与多元,既有政府行政官员,也有专家学者以及社会人士、教师、学生等,最大限度地保证建议规划制定程序的科学性。紧接着,就是集中调研,广泛搜集相关信息;对相关信息进行梳理、编码、确定分工、描绘愿景、目标、确定工作计划,最后形成文本、征求意见,对相关工作进行跟踪、监督。

再次是目标科学。目标是个人、部门或整个组织期望的结果。区域教育规划要有适切的目标与愿景。区域教育发展目标和愿景建立在对区域教育发展机遇和优势分析的基础上,充分考虑当地历史文化因素以及国家、地方政策的要求。

最后是举措科学。县域教育规划中的体制机制改革举措,应符合教育发展方向,有利于实现区域教育改革目标,有利于推进区域教育治理体系与能力现代化。

3. 教育规划的现代性

现代性是教育改革和发展的重要追求。《中国教育现代化2035》确立了"更加注重"的八个理念,即以德为先、全面发展、面向人人、终身学习、因材施教、知行合一、融合发展、共建共享。这些理念为县域教育规划制定提出了新的要求。

县域教育规划要按照教育现代化的总体要求来制定,不断促进人的现代性的增长。具体而言:第一,要不断更新区域教育发展理念与思想,坚持以学生为中心,为了学生的健康成长和全面发展而不断努力,摒弃一切以升学、分数为中心,违背教育规律和学生成长规律的做法;第二,不断与时俱进,坚持将互联网、教育信息化等新技术、新方法与课堂、管理紧密结合,推动教育变革和创新,构建网络化、数字化、个性化、终身化的教育体系,建设"人人皆学、处处能学、时时可学"的学习型社会,培养大批创新人才;第三,要坚持开放、共享,而不是自我封闭,要将制定教育规划的过程向全体利益相关者开放,要让全体人民共享教育改革的成果。

第三节 美好教育规划任务与实施

美好教育规划,要在充分调研论证的基础上,科学确定特色办学定位,明确县域教育特色化发展标准、基本类型,研究制定特色化建设的检验标准及改进方向,同时关注新时代基础教育结构性变革,有效推进县域学校发展规划与任务实施。

一、县域美好教育定位及特色化发展类型

推进县域教育特色化发展,首先要确定特色定位、县域教育特色化发展标准与基本类型,这是美好教育规划的基础性工作。

（一）县域美好教育特色定位与发展趋势

所谓定位，就是让你的特色在人们大脑中占据一个有价值的位置。所谓县域美好教育特色化发展定位，就是让区域教育特色在学生、家长，在最广大人民群众大脑中，占据一个有价值的位置，它是县域教育发展的基本战略问题，是统揽县域教育发展大局的总纲，是指对特定区域教育发展所处的阶段、环境、条件以及发展道路等方面特点所做出的综合判断。

作为县域教育行政部门要遵循特色化建设的规律，持之以恒地推进学校特色化的长远发展。作为办学策略的特色化建设，往往把特色看成是提高学校社会知名度和业绩亮点的手段，而作为指导思想的特色化建设，则把特色看作真正促进学校未来发展的总体战略性选择。学校要坚定地跳出特色化建设仅仅是提升知名度和业绩的办学策略这一思想藩篱，将其看成是今后学校教育改革和发展的总趋势。只有确立了新的指导思想，学校的特色化建设才能从短期安排走向长远建设，从关注学校的业绩亮点转向关注学生实实在在的发展，从看重少数尖子生转向看重每一个学生的天赋优势和兴趣、爱好的长足发展。

实践证明，一个学校形成正确而稳定的特色，要在政府和科研部门指导下，经过较长时间的建设，才能达成。一般而言，要经过对特色化建设的价值认同阶段、学校特色的确定及集体认同阶段、对应的制度建设阶段、相应的教师队伍建设及环境和物质条件的配套阶段，以及特色教育活动持续稳定开展阶段等。需要指出的是，制度建设具有承上启下的重要作用，向上可以具体体现特色化建设的相应理念，向下可以具体指导队伍和物质环境的建设以及特色教育活动的实施，这是特色化建设中将理念和理论转换为实践的关键环节。因此，制度一定要与相应的特色理念相配套，以充分体现并强有力地支撑特色化建设中各个环节富有活力地推进。

（二）县域美好教育特色化发展基本类型

1. 区域教育特色化发展类型

我国基础教育实行以县为主的管理体制，在县域内根据不同的地域情况规划不同的区域教育，推进区域教育特色化发展工程，促进区域教育跨越式发展，将是实现美好教育的关键。2004年，中央教育科学研究所教育督导与评估研究中心，在全国选择20个县区，开展区域教育特色发展示范县评估，加大了区域教育特色化发展的力度，真正发挥出示范引领作用，为全面推进区域教育优质发展奠定了坚实基础。

总结这20个县区的典型经验，提炼形成六个方面的区域教育特色创建范式:一是学校、家庭、社区三位一体实施未成年人思想道德教育特色;二是教育均衡发展特色;三是教师队伍建设区域教育特色;四是教育信息化特色;五是科研促教研的发展特色;六是农村教育城市化发展特色。

2. 学校特色化发展的类型

由于特色学校建设在发展目的和发展方向上存在差异,当下不同学校所建设的特色类型也有所不同,大概有如下几种。

一是优势教育资源利用型,如:着眼于利用外部自然或社会资源条件的红色传统教育特色学校、海洋特色学校、绿色生态特色学校、军事特色学校等;着眼于利用内部设施条件和教师特长的双语特色学校、手风琴特色学校、剪纸特色学校、书法特色学校等。二是学生特长发展型,如:音乐特色学校、美术特色学校、体育特色学校。三是独特教育、教学或管理模式型,如:双元互动式教学模式、导师制教学模式、合作教育模式、全方位逐点透析式管理模式。四是独特校风传承与创建型,如:民主的校风、严谨的校风、尊重的校风。

校风型特色学校与独特教育、教学或管理模式型特色学校的区别在于,前者强调的是将某一特定的理念贯穿于所有的教育、教学和管理环节中,而后者一般定位于一个学科或一个方面的管理上。

(三)特色化规划建设的检验标准及改进方向

研制教育特色化发展规划,要依据特色学校建设的内涵要求和客观标准,沿着引领学校特色化发展的方向,科学规划,精心设计,周密布局。要着力推动基础教育优质均衡发展,促进每个学生个性全面可持续发展。

1. 特色化建设成功的检验标准

要想判定特色学校建设是否成功,首先要看学校的办学理念是否发生重要变革,即要看学校是否将建设和发展的重心,从"关注学生的全面发展",提升到"在学生适度全面协调发展的基础上促进其优势潜能和个性化兴趣、爱好得到长足的发展"。只有在这个意义上,优质学校才不再是简单的、比较意义上的考试优胜学校,而是能在一个或几个方面,为学生优势潜能和兴趣、爱好得到自主、自由的发展,提供充足教育资源和优质培育模式。这为优质学校的扩充和发展,提供了巨大的空间。据此,笔者将特色学校的建设目标和检验标准,概括为如下三个基本方面:一是在一定范围和一个或几个方面,向学生提供可以超越其他学校的优质教育资源条件;二是具有自己独特的教育和管理方式;三是经过较长时间的实践检验,证明符合教育与社会运行和发展的基本规律。特色并不代表正确,只有经过较长时间的实践检验,特色建设才能真正为学生健康发展做出重要贡献。①

2. 特色学校建设的改进方向

从总体上看，任何特色学校都应特别重视研究和遵循教育与社会交互影响的规律、学生身心发展的规律、学生学习和训练的规律、师生间关系变化与发展的一般规律。在类型上，应逐步聚焦到两种基本类型，从而在实现教育机会和教育资源方面均衡的前提下，在教育过程、教育方式和教育结果方面，实现差异化和特色化发展。

一是以发展学生的优势潜能和兴趣、爱好为思考起点，由此形成武术特色学校、音乐特色学校、数学特色学校、足球特色学校等，并在上述方面逐步形成独特的教育与管理方式。如：同是音乐特色学校，A学校是通过发展小俱乐部的方式发展学生的音乐特长，而B学校是通过提供优质校本课程的方式发展学生的音乐特长。采取此种路径，应注意区域和校际协同，以便为一个区域内而不是仅仅一所学校的学生提供较为广阔的选择和发展空间。我们注意到，支持学生的特殊学习与发展需要，已经越来越多地成为发达国家在设计教育制度和实施教育改革时普遍关注的话题。其中，学校协作体中的学分互认制度，以及美国有关教育券和特许学校方面的经验，特别值得借鉴。

二是以建立独特的管理模式和校园文化的方式，使学生在一个或多个方面获得超越其他学校学生的长足发展。例如：学校形成的民主管理方式，对学生道德和现代管理意识的发展，会起到良好的作用；学校的"绿色"特色，对学生形成和谐健康的生态意识具有积极的作用。这个方向的特色建设更多关注学生的价值观、道德取向、生活态度和良好个性品质养成。

在推进县域教育特色化发展过程中，要顺应时代发展和教育改革的要求，把工作重心适时转移到学校的特色化建设上。在我国现有的管理体制下，没有政府的领导、协调和支持，学校难以获得强有力的发展动力和良好的资源条件。尤其是在资源有限的情况下，只有政府出面统筹协调，才能在一定的区域内，为绝大多数儿童青少年的潜在优势和兴趣、爱好的发展，提供较为理想的资源条件和机会。因此，作为公共产品主要提供者和管理者的各级政府，有责任挑起促进基础教育特色化建设的重任。

政府要想做好这项工作，首先要做好制度性、政策性的研究和储备工作。县级教育主管部门，应根据本地的实际情况，力争在基础教育特色化发展的不同阶段，有预见性和针对性地推出相应的政策。特别要在形成学分互换机制、

---

① 傅维利.论当代基础教育的特色化建设[J].教育研究,2014(10):16-17.

师资调配、考试改革等方面,做好政策性准备和制度性安排工作。其次要做好规划和先行试点工作。由于一个学校只有一个或几个特色,这就大大限制了一个学校内所有学生的潜在优势和不同兴趣、爱好的满足水平。因此,"一校一品"或"一校几品"的特色发展策略本身,就特别需要政府在所辖的区域内,发挥好统筹规划和通盘协调的职能。政府有责任在区域内建立起特色学校发展协作体以及相应的保障制度和协同性教育资源支持条件。一方面,要在区域内合理全面地布局不同的特色学校,努力为整个区域内更多的学生提供充分实现特长发展的资源条件;另一方面,出台合理的协调机制,以保证多数学生能通过参加不同学校的特色教育活动或选修不同学校的特色课程等方式,有效地实现潜在优势和兴趣、爱好的高水平发展。另外,要形成与特色化建设相适应的制度安排和政策,必然要与由来已久的"应试教育"的制度体系和观念发生巨大的冲突,因此,政府要有计划地安排好先行试点工作,以便总结经验,探寻和推广更符合实际的建设路线。

二、县域行政推动学校特色发展规划的路径与任务

要有效推进教育特色发展规划,应在县域行政推动下,实行以校为本、县校联动,聚焦社会主义核心价值观培育这个核心,系统关注新时代基础教育结构性变革,正确认识学校发展规划的功能,实行以县为主行政推动学校发展规划,通过课程、文化、教学等路径建设,全面落实立德树人根本任务。

(一)关注新时代基础教育结构性变革

学校发展战略规划,要依据新时代人才培养标准和要求,关注基础教育结构性变革,坚持以核心素养为目标,以价值观教育为核心,以信息化、智能化为基础,重构基础教育体系,建设中国特色世界水平现代教育。从内容结构上看,这种结构性变革包括三个方面:一是硬结构变革,包括活动结构即场景、平台、手段、形式、制度、交往方式等(主要以信息化、智能化为基础);二是软结构变革,包括教育的目标、素养、课程、评级标准等(主要以创新发展、新全球化与价值观的核心地位为基础);三是在硬结构与软结构融合的基础上,形成新的教育教学体系结构,具体表现为基础教育的目标结构、素质结构、课程结构、活动结构与评价结构的变革等诸多方面。①

与之相对应,我国新时代基础教育结构性变革的主要目标是,以"培养新时

---

① 刘复兴.论新时代我国基础教育的结构性变革[J].教育研究,2018(10):57-63.

代担当民族复兴大任的时代新人"为着眼点,以社会主义核心价值观教育为突破口,结合中国传统文化教育,强化人类命运共同体理想,以立德树人为根本任务,以养成学生核心素养为重点,在克服以往基础教育改革结构性缺陷的基础上,以社会主义核心价值观教育统领课程改革、人才培养模式改革、课堂教学改革和考试评价改革,结合世界基础教育改革的趋势,以规划为引领,探索一条符合新时代中国特色社会主义教育道路的美好教育之路。

基础教育的新结构和新目标,要求基础教育结构性变革必须解决以下基本问题。一是从目标结构上,如何发挥情感态度价值观的作用,切实解决以社会主义核心价值观教育引领人的发展。基础教育的结构性变革,需要首先解决好价值观教育问题。价值观教育的内容,至少应该包括社会主义核心价值观教育、中国传统文化教育、人类命运共同体理想教育。基础教育要以立德树人为总目标,以社会主义核心价值观教育为突破口,结合以中国传统文化与人类命运共同体理想教育,以全面系统解决"培养什么人、怎样培养人、为谁培养人"问题为抓手,分学段规划落实。二是如何把核心素养结构安排与人才培养目标结构的实现高度统一起来。在强调价值观教育核心、首要地位的背景下,基础教育领域必须全面深入研究如何以培养核心素养为基本途径,调整过去以"知识、能力、情感态度价值观"为结构序列的人才培养目标,以社会主义核心价值观教育,引领人的发展,完成在教育教学中全面落实培养必备品格、关键能力的基本任务。三是必须要切实处理好课程结构与活动结构的关系。基础教育结构性变革,关键要处理好基于学科知识建构起来的课程结构与基于探究需要、能力培养与人格养成建构的活动结构之间的关系,既要照顾体系化、结构化、整体性的知识掌握目标,又要兼顾探究化、个体化、经验化的能力与品格养成目标,进而处理好素质教育与中考、高考的关系,努力在课程结构与活动结构之间形成融合与互补的关系,整体性实现必备品格、关键能力与知识掌握的综合目标。四是建设完善的新型教育教学支撑体系。教育教学支撑体系建设包括结构和内容两个方面。在结构上涉及纵向与横向两个维度:在横向上,主要是协同育人,探索学校、家庭、社会协同育人模式;在纵向上,主要是实现幼儿园、义务教育、普通高中不同水平教育阶段的衔接与贯通,尝试探索基础教育与高等教育的衔接。

教育教学支撑体系在内容上有四个层面:一是关于价值观教育统领的基础教育改革,涉及课程改革、人才培养模式、课堂教学、考试评价改革以及学校日常生活等。二是基础教育不同学段在养成必备品格和关键能力方面,对学生成长进行综合评价涉及多个维度,即教师成长模式、课堂教学基本模式、德育基本模式、特殊人才成长基本模式、升学备考模式、家庭教育基本模式、社会承担教育责任基本模式等。三是关于学生成长综合评价的多个维度，涉及资源支撑体系建设的多个层面，即教学体系建设、德育课程体系建设、各科课堂资源体系建设、假期学生成长资源体系建设等，最终形成全面养成核心素养的各学段各学科课程体系；各学段各学科课程体系的操作流程，等等。四是新型质量评价与质量监测体系建设问题。在落实立德树人根本任务和养成核心素养的大背景下，基础教育的人才培养目标结构、素养结构、课程结构和活动结构及其关系的新变化，需要创新基础教育质量评估指标体系，建立新型基础教育质量评估指标体系与质量监测制度。

美好教育发展规划，必须以新时代基础教育结构性变革为根本转向，在办学理念、队伍建设、课程建设、文化建设、体制机制建设等方面，进行全方位调整与优化，形成基于立德树人、县域与学校融通与互动的规划编制模式。

（二）对学校发展规划的认识

1. 正确认识学校发展规划的功能

随着我国学校管理改革的不断深化，越来越多的中小学开始制订和实施学校发展规划，以提升远景规划意识，促进学校高水平、有特色发展。学校发展规划，已经逐渐成为中小学改进管理、促进发展的重要工具。但是，许多学校在制订和实施发展规划时，也经历了现状分析、问题调研与梳理以及发展规划文本撰写等程序，开展了学校发展规划文本论证，但这些文本一经评议通过就被束之高阁，并没有真正发挥引领学校发展的积极作用。导致这种局面的原因有很多，归结起来有以下主要几点：学校管理者被动参与，只是被动地接受上级任务，按照上级要求，在学校内组织制定学校发展规划，而不是真正意义上的自主规划学校发展；学校现状分析不够深入，没有准确把握学校发展的优势和不足，对学校未来发展的目标和优先需要解决的问题定位不准确，发展规划的引领价值没有充分体现出来；很多学校片面强调特色发展，没有将发展规划纳入区域总体教育发展的宏观背景之下，因此，在实施过程中难以获得资金、人员和技术上的支持。深入分析以上问题，发现其中的共同突出原因，是学校发展规划缺乏来自区域层面的行政推动，缺乏基于区域政治、经济、文化背景的区域整体规划。

中小学是区域教育行政部门提供服务的基本单位，学校发展规划离不开区域教育行政部门的统筹、推动和支持。《国家中长期教育改革和发展规划纲要（2010—2020年）》指出，地方政府要转变教育管理职能，切实履行统筹规划、政策引导、监督管理职能，进而转变区域教育发展方式。推进学校发展规划实践必须重视加强行政推动,在制度、技术、资源等方面提供有力保障,使学校有动机、有能力、有条件扎实推进发展规划,才能切实提高学校自我诊断、自主规划与自主管理能力,改善学校领导与管理的水平,全面提升区域和学校教育质量和内涵发展水平。要在区域行政推动与指导下,更好地制订和实施学校发展规划,推进区域和学校教育特色化发展,必须充分了解学校发展规划的基本内涵与特征等有关知识。

2. 学校发展规划的内涵与基本特征

北京师范大学楚江亭教授指出,学校发展规划是一种学校广利方式的更新,又是通过学校共同体成员来制定和实施学校发展综合性方案的过程,是为学校发展提供支持能力,并不断探索学校发展策略,持续改进教育教学质量而进行的管理行动。那么,学校发展规划具有哪些基本特征呢?

(1)引领性。学校发展规划不仅仅是制定或实施的文本,更应该立足学校实际,指向学校未来发展。确定学校发展规划是学校办学理念的更新,它要求学校一班人,要对学校进行系统思考,不断反思、学习,对学校发展进行理性分析,由此对学校在较长一段时间内的发展策划、目标定位、发展内容及保障制度、监控措施等进行统筹规划,在面向未来的发展周期内,引领学校工作全面展开。

(2)独特性。学校特色发展是教育改革与发展的必然诉求。通过特色学校建设这种内涵式的发展道路,合理、充分利用学校的既有资源,发掘、扩大优质资源,从而在国家有限的教育投入下,吸引更多的优质教育资源,促进学校更好优质发展。制定学校发展规划时,既要挖掘和发展学校已有特色资源,也要对学校未来特色建设做出规划和保障,并以规划的实施来促进学校特色的形成与彰显。

(3)系统性。学校作为一个系统,涉及课程教学、德育、校园文化建设等各个部门整体存在和发展的生命组织机构,学校发展必须加强和统筹各子系统之间的有机联系,有效促进学校系统发展。发展规划必须运用系统思维的方法,对学校未来发展进行整体思考,做好宏观战略规划、中观策略规划和微观上的各部门行动规划。系统性也要求学校发展规划是一个全员参与的过程,它强调自下而上、责任分组,强调在发展过程中关注教师、学生、家长及其他社区成员的广泛参与,是学校系统中各要素作用的调动与发挥。

(4)行动性。学校发展规划不仅仅提出学校发展目标或设想,而是一个制定、实施和评价的系列活动与过程。在这一过程中,不断改进学校硬件和软件,改善学校的管理、教学和科研工作,并在长期、持续、自觉的行动过程中,调动校内外各种积极因素,逐步开发学校及其所在社区的人力、社会和自然资源,发挥学校和社区的潜能,努力将学校组织的共同愿景一步步转化为现实。

(5)发展性。学校发展规划承认未来发展过程中的不确定性,但同时强调人的认识能力的有限性与无限性的统一,强调在不断反思、持续改进的学习过程中,探索学校未来发展的策略。学校发展规划的制定与实施过程,其实质是开发学校自主发展能力的过程,即通过对学校管理进行系统思考,关注学校管理结构调整、行为改进与优化,在参与、体验、反思过程中,对学校发展进行理性分析,不断提高学校自我完善与发展能力,整体实现学校育人功能,促进师生个性和谐而全面发展,进一步提升学校内涵质量。

(三)实行以县为主的学校发展规划

教育行政部门要从区域层面上整体推动学校发展规划,不能只是简单地下发文件和入校验收,而应系统设计,有针对性地探寻关键路径,通过制度设计、技术培训及环境条件改善,为学校不断改进规划管理、做好学校发展规划提供保障。

1. 完善区域相关制度,强化校长责任和学校评估

要激发学校管理者在规划实践中的主动性,增强其责任意识和领导意识,比较常见的做法是开展专题培训及参与式研讨,让他们认识到规划对于学校发展的重要意义,将学校发展规划视为战略管理和发挥领导力的工具。这种做法可以调动管理者的内在积极性。但仅靠这种内在激发还不够,区域教育行政部门必须同时通过制度设计,明确校长在学校发展规划中的责任,加强学校绩效评估。

制度建设的第一个重点,是推行与学校发展规划相联系的校长任期目标责任制,建立能上能下、能进能出的校长选拔任用机制。校长的任期与规划年限一致。校长在岗位竞聘前,要对学校发展状况进行深入、细致的分析,初步提出学校发展规划目标及举措;岗位竞聘成功之后,要通过进一步的现状分析及多方沟通,确定学校发展的共同愿景与规划目标。这一规划目标只要稍加转化,即可形成校长的任期目标责任书,成为教育行政部门对校长进行工作检查、民主评议与任期考核的重要依据。校长既要明确任期责任,又要对任期内实现学校规划目标的结果承担责任。这种制度设计,可以有效激发校长参与学校发展规划的热情与责任感,引导校长在有关实践中增加投入。

制度建设的另一个重点是加强学校督导,实施基于学校发展规划的外部评估制度。区域教育督导部门要加强外部监测评估,实施基于规划的发展性学校

督导。具体做法是:在规划实施过程中,多次、动态、持续地进行形成性评估,考察学校是否按照规划举措及行动计划表安排各项有关工作,评判阶段性规划目标的实现程度,及时发现实施过程中的经验与问题,督促学校进行必要的调整;在规划周期结束时,从学生发展、教师队伍建设、课程与教学、家校沟通与合作、领导与管理等方面,对学校发展水平,尤其是规划目标实现程度,进行全面、深入的终结性评估。将评估结果作为学校改进和校长专业发展的重要依据,有效促进学校发展。

2. 重视与加强培训,提升学校规划管理能力

学校发展规划是一个系统性工程,它在对过去工作进行深入分析的基础上,整体规划学校未来发展。在内容上,涉及学校发展目标在领导与管理、课程与教学、教师队伍建设、学校文化建设以及资源统筹等方面;在过程中,各个环节要面对学生、家长、教师及社区人士等利益相关者,要协调和处理许多复杂因素,这无疑对学校构成很大挑战。为确保学校发展规划的科学性与有效性,区域教育行政部门要重视和加强有关培训,促使规划参与者更新观念和掌握相关技能,从而有能力做好学校发展规划。

学校发展规划培训的对象不能局限于校长和中层干部。学校发展规划在本质上是一个协同的过程,它把学校共同体中的各种力量凝聚在一起,共同勾勒学校发展的使命、愿景和目的,共同参与学校建设,促进学校发展。区域在推动学校发展规划过程中,要有意识地加强宣传,扩大培训对象,让利益相关者关心学校发展,积极参与学校发展规划的制定与实施,以切实推动学校民主管理和规划管理取得实效。

学校发展规划培训还要注重针对性、持续性和实效性。作为一种过程的学校发展规划,必须考虑以下五个步骤:检查学校目前状况;确定学校的发展方向和育人目标;制定各部门具体规划和行动计划;确立衡量学校成功的标准;依据成功标准对规划实施监控和评价。每一个步骤都有其运作的理念和技术操作要求,学校发展规划的参与者都应接受相应的培训,掌握有关技能。目前,之所以很多区域在学校发展规划实践中出现这样或那样的问题,在很大程度上与培训不到位有关。区域教育行政部门要会同或委托研究机构,采用规范的表现分析模式,识别学校发展规划实践在不同阶段中容易出现的问题,基于实践需求设计,有针对性、持续性的课程,以增进培训的实效性,加强学校能力建设。

3. 创造支持性环境,为学校提供必要的支持和保障

学校的发展离不开区域教育行政部门的引领和支持。在区域层面推动学校发展规划,要创造一种关心、支持学校发展的良好环境,为学校提供必要的支

持和保障,使学校有条件做好发展规划。学校在规划中提出的远期和近期发展目标,是在充分考虑现实条件的基础上予以设定的,要确保它的合理性与可行性,但同时要具有一定的前瞻性和发展性,这就需要学校在资源、投入上有所调整或补充。区域教育行政部门要在政策范围内提供必要的资源支持,为规划的落实提供有力保障。比如,为学校补充必要的师资,为改善学校硬件设施提供必要的经费。

除了办学资源,区域教育行政部门能为学校发展规划提供的支持还有很多,引入第三方评价,为学校现状分析提供常模参照依据,就是十分重要的一种。目前,绝大多数学校都开展了现状分析,但深入程度存在很大差异。有些学校对现状的SWOT分析停留在表浅层次上,学校存在的优势与不足到底是什么,还需要进一步的分析与确认。之所以分析不够深入,除了与学校重视程度不够、分析方法不科学、各种利益相关者参与不足等因素有关外,一个容易被人忽视的问题是学校自评本身固有的局限性。俗话说"当局者迷",学校对自身发展的评判通常缺乏敏感性,很难客观分析自我。为了增加现状分析的准确性与有效性,使学校对未来发展的规划设计根植于学校的现实,区域教育行政部门可以委托第三方,对辖区内学校的现状进行一次整体评价。第三方成员的身份独立于教育行政部门和学校,可以增加分析的客观性。有了第三方评价数据,学校不仅能获得本校发展的客观分析结果,而且可以将本校情况与其他学校进行常模参照比较,从而对自我发展状况形成更为准确的评判,为后期规划奠定良好基础。

综上所述,完善相关制度、加强有关培训以及创造支持性环境,是区域行政推动学校发展规划的关键路径,三个方面相互独立又相互联系。教育行政部门在区域推动中要加强系统性思考,注重各项制度、活动和策略之间的整体性、关联性与动态性,使区域行政推动与来自学校方面自下而上的努力汇聚在一起,共同服务于学校发展规划的制定与实施,最终促进学校自主发展以及学生健康成长。

(四)学校特色化发展规划的主要任务

在学校发展规划制定和实施过程中,积极挖掘、提炼、建设和发展突显本校办学特色,适合本校发展实际,体现特色所蕴含的教育理念,使之成为学校一以贯之的指导思想。同时,制定和实施学校发展规划,要通过有意识的设计,整合学校各种要素和资源,挖掘学校内在的发展潜力,使学校的深层文化突显出来,使之成为促进学校发展的长久的、可持续发展的内在驱动力。

1. 对特色资源进行调查分析

在规划制定过程中,首先要摸清自己的"家底",即要以科学发展观为指导,深刻分析本校的发展基础、优势和薄弱环节,学校在发展过程中所面临的机遇和挑战,着力挖掘学校特色资源,找准特色定位和突破口。学校特色是学校长期积累所形成的,是学校传统的重要组成部分,在特色学校发展规划中,要首先关注学校的历史传统,敬重学校的文化积累,回到学校的历史文化中重新发现、解读和构建学校思想和文化资源,使之符合时代精神和教育改革与发展的要求。比如,要考虑学校原有的基础条件、传统、校风、教师队伍素质、生源状况等。再如,应关注学校的社区文化,包括地区特色、社会环境、社区成员素质和传统文化特色等,这是构建学校特色的社会土壤。

在此基础上,明确学校的"应为"与"能为",然后确立要达到的目标与重点,才能有的放矢,确保促进学校理性、健康发展。分析学校的办学传统和现状,是学校发展规划制定中一项非常重要的工作,它有助于明确学校发展规划工作的起点。

2. 提炼学校教育哲学

学校教育哲学是学校共同体的教育理想和团体哲学信奉,它是学校办学的核心,对学校所有工作都有指导价值。学校发展规划的这一部分内容,是最困难也是最有价值的。学校管理团体应当把形成学校教育哲学当成学校日常工作的中心要素,把它当作一项持续进行动态发展和永无止境的工作,因为它关乎学校存在的价值、学校成员共同前进的方向以及学校所培养人的质量和规格。

学校教育哲学的提炼与形成,也是特色学校建设的关键,它是一所学校区别于其他学校的精神内核,它决定了每所学校外显行为的区别。不同的哲学可以使人们的行为表现出相应差异。作为独立的组织文化共同体,学校内部必须具有体现本校特色的教育哲学,而这种哲学观也规定着学校的发展方向。这也是为什么人们一提到清华大学,自然而然会想到其"中西兼容、文理渗透、古今贯通"的治学主张,一提到北京大学,首先涌入人们脑海的肯定是其"思想自由、兼容并包"的办学方针,因为事实上,这种教育哲学已经成为它们独特的身份标志而深入人心了。

在教育哲学的形成过程中,一种比较有效的方法是,组织一个有各方人士参与的规划团队,这个团队可以由专家、校长、教师代表和学生代表、家长代表等成员组成。

3. 以特色项目建设作为特色学校发展规划的重点

制定特色学校发展规划,选择优先发展的特色项目至关重要。特色项目代表着特色学校的核心竞争力,特色学校的建设必须以此为突破口,在发展规划中给予其特别的关注。比如人力、物力、财力以及制度建设等方面的倾斜,使特色项目在学校发展中尽快形成领军优势。学校是一个社会组织系统,系统的发展涉及内部诸要素的协调发展,但协调发展不等于同步发展。如果不确定优先发展的特色项目,校长和学校教职员工在整个特色系统的建设中平均用力,学校发展仍将处于常规的运作态势当中,这必然会降低学校特色建设的效率与效果。当然,确定每项优先发展的特色项自有其内在标准,它必须与学校特色的突破口相结合,选择特色课程建设、特色德育资源开发、特色教学改革、特色师资队伍建设等某一个特色要素进行优先建设,力求使原有特色深化、扩充或凸显,充分体现学校的教育哲学。在确定优先发展特色项目时,要发动学校共同体成员参加,尤其要发挥教师的作用,教师参与选择项目、对此产生认同并把它与自身教育教学工作结合起来,这一点至关重要。

4. 拟订特色发展规划的实施计划

制定学校发展规划,其重要意义并不在于拿出一个文本或方案,关键在于实施。因此,学校发展规划更强调规划的执行"过程",通过这一过程,提高学生的学习质量和教师的专业化水平,提升学校的教育质量,彰显学校特色。要根据学校的发展目标、教育哲学、优先发展的特色项目,拟订切合学校实际、全员参与、具体可行的实施计划,是规划得以落实的先决条件。比如,对学校教育哲学的深度解读,在教师文化、学生文化或物质文化、制度文化、精神文化中,如何落实、体现学校的教育哲学;再如,对特色项目的优先发展,在师资、课程、教学、德育、评价等方面如何体现等等,都需要根据总体发展目标,进行时间、人员、任务的划分与具体落实。同时,在实施计划中,也应该充分考虑对规划执行的监控和保障,将保障措施、监控和评价体系等纳入实施计划中。这有助于学校在这一过程中进一步完善和修订计划。

特色学校建设是一个动态发展过程,也是一项系统性、科学性的学校整体变革,它对学校的发展提出了新的要求,而特色规划的制定、实施、评价与调控过程必将深入、有力地推进学校特色建设工作。

第四章 美好教育推进策略

美好教育不是喊喊口号就能实现的,美好教育落地生根,必须进行基础教育综合改革,同时需要县域内推进人力资源、特色课程资源、制度资源等建设,还需要打造县域学校教育特色群。

第一节 推进县域教育综合改革

区域改革、区域发展,是国家"十一五"以来发展的重点决策;以县域为层面推进系统的教育综合改革,是近年来各国政府在具体的教育发展决策过程中的新动向。破解当前教育改革发展存在的亟待解决的问题,推进县域教育综合改革已迫在眉睫,这也是实现美好教育的必由之路。

一、县域教育综合改革的必要性

郡县治则天下安,县域强则国家富。教育也是如此。县域教育改革是县域改革的基础、关键,最有可能取得大面积突破,并形成战略性影响。当年湖南汨罗经验,就直接引发了后来在全国推广的素质教育改革。目前教育改革缺乏活力,一个重要原因就是县域改革不够活跃,基层改革的积极性和创造活力还没有被充分调动、激发起来。实施县域教育综合改革战略,与国家推进的"省直接管理县(市)财政体制"改革相呼应,与城镇化发展重大战略相适应。可以预见,随着行政体制改革的深化、城镇化速度的加快,以县(市)为单位的教育改革,将会占据越来越重要的位置。教育改革不能滞后于这一形势,尤其是基础教育,可率先提出并实施县域教育综合改革战略。

实施县域教育综合改革战略,符合基础教育"以县为主"的管理体制,符合尊重基层首创精神的原则,自下而上"逢山开路、遇水架桥",容易闯出一条新路。[1]

我国县域经济发展差距较大,县域教育受县域经济和其他条件制约,在发

---

[1] 刘利民.走内涵式综合改革之路[J].人民教育,2013(10):10-15.

展的模式和速度上各不相同,这是我国教育发展一个非常显著的特点。长期以来,我国经济和教育实行的是计划管理体制,县域经济和教育发展权力有限。这种体制在新中国成立初期,曾经对我国经济和教育发展发挥过促进作用,但不可否认,这种体制压抑了地方办学的积极性。诚如黄济、王策三先生所言,"我国教育在新中国成立后的很长一个时期内,只强调共性的要求而忽视了多样性的发展。这样一种以统一性和一致性为原则的教育体系很难满足人们学习的多方面需求,也很难完全满足社会成员个性发展的需要"[1]。

改革开放以来,随着我国经济发展思路的变化和经济体制改革的进行,地方政府发展县域经济的积极性得到激发,县域经济获得了空前发展。县域经济的发展又调动了地方政府发展县域教育的积极性。经济体制上中央向地方和企业放权,中央高度集权的计划经济管理体制逐渐向社会主义市场经济体制转变,地方政府逐渐成为县域经济管理和决策的主体。

(一)县域教育综合改革体现我国县域发展的基本国情

市场经济改变了全国"一盘棋"的情况,各级各层次县域都成为相对立的利益主体,利益的驱动必然带来县域发展的不平衡。同时,我国经济二元结构特征比较突出,经济要素关联度低。县域经济的发展,极大地刺激了县域教育的发展。由于县域内政治、经济、文化、人口、自然资源、政策环境等各方面的影响,县域间教育发展的基础和条件差别很大。特别是经济发展水平差距加剧了教育发展的不均衡。另外,教育资源配置不充分、不均衡以及过程不规范,也是造成教育发展不均衡的重要原因。

随着教育改革的深入,很多地方政府开始突破就教育论教育的狭隘观点,开始关注教育外部因素对教育的影响。例如,经济发展水平在多大程度上决定教育发展水平,县域文化对县域教育的发展理念、路径有着怎样的影响,教育管理体制、教育政策、教育规划、教育法律法规等与县域社会发展阶段存在着怎样的关系,等等。人们普遍认识到,推进县域教育可持续发展,必须充分考虑县域教育在发展过程中各种内外部因素的影响,也相信唯有推进县域教育综合改革,才能避免在单一领域推进教育改革而造成的失败,才能避免教育"超越客观条件的超前发展"或"人为限制的滞后发展"。

(二)县域教育综合改革是实现县域教育现代化的重要途径

选择代表性强、具有典型性的地区进行综合配套改革试点,既能解决实际

---

[1] 黄济,王策三.现代教育论[M].北京:人民教育出版社,2013:287.

问题，又能为解决全局共性难题提供思路，从而实现重点突破与整体创新，这是我国改革开放和实现现代化的一条基本经验。我国改革开放首先在县域层面——深圳特区等地进行试点，而后又建立了若干经济技术开发区，探索我国县域经济改革与发展模式。最早设立的上海浦东新区综合配套改革试验区，着重探讨政府职能转变；天津滨海新区，重点探讨城市发展新模式；成渝改革试验区，主要探索统筹城乡发展的体制与机制；武汉城市圈和长株潭城市群，主要探讨资源、环境与经济发展的关系。这些特区、试验区的设置，反映了不同阶段经济社会发展的重点，促进了我国经济社会的全面发展。

同样，县域综合改革也是推进教育发展的一项重要策略。经过几十年的探索与实践，各地以县域教育综合改革推进县域教育现代化的基本路径初步形成。不少地区积累了丰富的经验，如：上海闸北区的县域教育可持续发展研究，江苏苏州地区、深圳南山区等地的教育现代化研究，杭州下城区以教育生态理论促进县域教育现代化，四川成都青羊区不断探索县域内部均衡协调发展的新机制、积极推进后义务教育时代的县域教育改革，等等。它们都为我国教育改革发展做出了重要贡献。

县域教育综合改革的目标是实现县域内教育现代化，其路径有多种。一是教育治理与社会环境相互支持。政府明确县域教育事业的规模、结构、内容以及各个层次、各个阶段的培养目标，利用有效的、系统的控制手段，建立县域教育内部合乎规律，回应、满足社会需求的各种调整机制。二是结构与规模协调发展。政府发挥社会协调功能，运用政府职能，对社会成员进行引导和培养，运用行政手段，发挥家庭教育、学校教育和社会教育的一体化功能，形成教育生态可以依存和发展的社会条件。三是教育资源与资本合理配置。县域教育具有超越自身局部环境的辐射能力，将家庭教育、人们的自我教育、社区教育和学校教育连成一个和谐有序、相互渗透、相互促进的有机体系，形成促进教育生态健康发展的内在机制。

（三）县域教育综合改革符合国际教育改革趋势

赋予县域以更大的教育自主权、发展权，发展惠及每一个人的教育，是国际县域教育改革的核心理念。县域教育赋权及教育分权改革，既是传统分权国家推进教育发展的主要改革经验，也是传统集权国家推动教育均衡发展新的改革动向。适度的教育分权改革，有利于均衡、高效地配置中央和地方的各种教育资源，可以极大地调动地方发展和改革教育的积极性。美国是实行联邦制的传统国家，其联邦机构一般不为各州学校规定教育政策和课程，教育政策和课程设置均由各州自行决定。县域教育的自主、稳定发展,是确保美国教育分权体制成功运行的关键。作为发展中大国的印度,长期以来,国内不同种族、宗教和语言群体间的发展差异巨大,教育发展更为不平衡,县域教育水平的差异要比中国突出得多。为了扭转这种状况,20世纪中后期以来,印度一直积极推行县域教育赋权改革。印度分权体制改革的核心,是赋予各邦、社区甚至街巷等制定自己教育发展规划、开展教育决策的权力,中央教育行政部门主要行使教育咨询和协调地方各级教育发展的职能。21世纪初,印度提出了提高教育质量的全民教育计划,提倡通过分权和利用社区在学校管理中所具有的灵活多变的特点,对学校发展进行干预。①

推进县域教育综合改革的实质,是建立促进县域教育发展的试验机制。县域教育综合改革不是一个简单的赋权过程。在美国,县域教育改革试验室和县域教育服务中心是县域教育综合改革实践探索的主体。印度根据各县域的实际条件,着手建立了县域教育人力资源中心。该机构深入教学第一线,为广大教师提供帮助和指导。印度全民教育计划号召在地区层面进行课程改革分权。分权的前提是拥有各个不同层面的信息,并确保在各个层面上都形成良好的运行机制。山东省以县为主推进教育特色化发展不仅是促进区域教育综合改革的重大决策性战略,也是实现基础教育优质教育发展的改革实验,符合世界教育发展时代潮流和规律。

二、教育改革发展存在的问题

我国建成了世界上最大规模的教育体系,教育事业总体发展水平进入世界中上行列,预计2030年将基本达到发达国家平均水平。在加快推进教育现代化的新阶段,我国教育综合改革正处于向更深层次县域综合改革过渡的关键期,教育在促进公平、提高质量、激发活力等方面,还面临着以下突出问题和挑战。

(一)教育发展的社会差异普遍存在

缩小教育差异、促进教育协调发展是我国教育政策的基本导向。然而,我国教育发展仍普遍存在社会差异,包括义务教育的城乡差异、高中教育的阶层差异、职业教育的行业差异等。有些领域发展差异依然巨大,而且有持续扩大的趋势,严重影响了我国教育公平的实现。

---

① 刘贵华,等.区域综合改革:中国教育改革的转型与突破[M].北京:中国教育科学出版社,2015:89.

义务教育的城乡差距主要体现在城乡教育发展的不均衡上。按照各省在义务教育均衡发展备忘录中的承诺，到2015年底，全国应有1913个区县实现义务教育基本均衡，实际经过评估认定的区县只有1050个，总体承诺完成率仅为54.9%，离65%的目标相差10个百分点①。要完成2020年95%的区县实现义务教育基本均衡的目标，还面临诸多困难。高中阶段教育的阶层分化明显。有研究表明，高中，尤其是重点高中，存在着严重的阶层分化现象，城市重点高中集中了最多的优势阶层子女，其来自高阶层家庭的学生是城市非重点高中的1.7倍，优势阶层子女数量是低阶层子女的1.6倍。②

上述教育差异的产生，并不完全是由教育自身造成的，而是与社会经济和文化发展不平衡、不协调息息相关。我国经济社会发展呈现典型的二元结构，发达地区和欠发达地区、城市和农村之间，经济社会发展水平往往相差几个阶段。教育发展的差异既与由历史原因形成的发展差距有关，也与城乡、地区和阶层差别有关，同时还受到由教育资源配置不合理等制度性因素形成的教育城区保护主义、精英保护主义、行业保护主义和地区保护主义等影响。

要把促进教育协调发展作为经济社会协调发展的重点内容，建立城乡一体化教育公共投入体制，实行积极差别化发展战略，因地制宜地发展县域教育事业，一是要以实现教育现代化为目标，以统筹推进县域内城乡义务教育一体化改革为突破口，把城市和农村的教育发展规划、学校建设和教师配置统筹起来，实现城乡教育一体化；二是实行积极的差别化发展战略，通过调整资源配置方式，集中力量从最困难的地区做起，逐步抬高底部，以超常规发展模式，缩短落后地区与发达地区的发展差距，实现协调和均衡发展。

(二)教育发展面临双重压力

教育肩负着推动经济社会发展、创造人民幸福生活、实现国家富强的多重使命与重任。各界对学校教育的要求和期望也越来越高，学校承受的压力日益增加。一方面，以家长为代表的社会要求学校承担学生知识学习、能力培养、人格塑造、行为习惯养成等全方位的教育责任，然而，家长与社区却在学生成长过程中严重缺位，一旦学生出现问题，就把所有错误都归咎于学校。另一方面，政府要求学校遵从国家理性，在经济发展、现代化推进、不平等社会问题解决等方面发挥积极作用，同时又对学校实行刚性管理，过多干预学校事务，导致学校办学价值与目标因行政干预而变形。这两方面的压力，不仅使学校遭受不堪承受

---

① 邬志辉.农村义务教育质量至关重要[M].教育研究,2008(3):28.
② 杨东平.高中阶段的社会分层和教育机会获得[J].清华大学教育研究,2005(3):52-59.

之重,承担了许多不应当承担也承担不了的职责,使其陷入屡遭诘难的现实窘境,甚至走向办学的悖论。例如:既要遵照政策培养学生,又因为安全、就业等问题不敢严格要求学生;既要办出特色,又要听从行政统一要求等等。

这些现象的出现,是因为人们对教育、特别是对学校教育的责任边界缺乏足够认识,将学校教育等同于教育,忽视了家庭和社会的教育责任。事实上,许多教育功能的实现,是学校教育、家庭教育、社会教育三种教育形式共同作用的结果,家庭教育和社会教育在学生成长过程中具有不可替代的作用,尤其是在价值观、社会规范、道德准则等的养成上。此外,我国教育行政属于国家行政的一部分,目前政府对教育的管理过于直接和微观,往往忽略了教育独特的价值追求和活动规律,抑制了学校的办学自主性和办学活力,进而影响了教育目标的实现。

要扭转这种现象,一要树立学校教育功能有限性的观念,对学校教育的作用和功能有客观全面的认识和合理的期望,还学校教育一个发展空间,让学校回归其职能。二要构建学校、家庭、社区三位一体的协同育人机制,充分发挥家庭、社区的教育功能,加强学校与家庭、社区的教育合作,促进教育从学校教育到整个教育生态系统的转向。三要改革教育管理体制,减少政府对教育微观事务的管理,加强以间接管理为主的宏观管理,提高教育管理的科学性、有效性。

(三)教师教学热情缺失,学生学习热情缺失

教师是立教之本、兴教之源。习近平总书记在第三十个教师节前夕的讲话中,号召全国广大教师做有理想信念、有道德情操、有扎实学识、有仁爱之心的"四有"好老师。"四有"教师是新时期我国教师的新追求、新标准、新形象。有好的教师,才有好的教育。

然而,我国教师队伍建设仍存在一些不容忽视的问题。一些教师缺乏教学热情。教师的待遇不高,乡村教师的待遇更低,教师的生存压力较大。根据中国教育科学研究院开展的全国教育满意度调查,中小学教师的教育满意度总体水平不高,且呈东高西低的趋势。东部地区中小学教师总体满意度指数为63.56分,比西部地区高5.67分。教师对待遇低、压力大、缺乏社会尊重等问题表示不满。如何引导基础教育教师改进教学,亟须引起重视。而能够获得较为满意的工作报酬、有尊严地生活,成为提高教师队伍质量、推动教师安心工作的重要支撑。

同时,学生也缺乏学习热情。学生的主体性较为缺失,不知道为什么学习,也不知道如何学习,课上茫然听课,课后茫然补课,被动学习恶性循环,学生的学习热情与好奇心被消耗。如果教育让学生丧失学习的热情及原动力,这是教

育无可挽回的损失。倘若教师缺乏教学热情,学生缺乏学习热情,又何谈教育质量的提升呢?

针对这些现象,我们需要找准病灶、对症下药,应当从体制机制改革入手,创新人才培养模式,健全管理体制,完善保障机制。具体而言,一要切实提高教师工资待遇和社会地位,使教师职业成为有竞争力且有吸引力的职业。各级政府应严格遵守《教师法》有关规定,健全教师权益保护机制。二要提升教师的专业素质。重点提升教师的学科素养、人文素养、创新能力和跨学科教学能力。加强教师合作,鼓励教师分享专业知识和开展跨领域合作,促进教师专业共同体建设。三要使学习方式更加多样。鼓励合作学习和探究,倡导真实性体验学习、技术支持的学习等多种学习方式,发展学生的思维。四要提升课程的丰富性、层次性和选择性。加强社会实践,丰富社团活动和其他课外活动,提供心理辅导服务和职业生涯指导教育,满足学生个性化发展需求。五要利用评价改善学习。提升评价的多样性,扩大真实性评价的运用范围,推行全程性、全面性的发展性评价,使不同发展水平的学生都能获得成长与进步。

(四)两种形态的教学方式都需要改进

当教育遇上互联网后,不少新的教学形式和方法出现在课堂上。我国教育领域出现了信息化教学与传统教学两种形态的教学方式。然而,在目前的教育实践中,这两种教学方式都存在偏离教育本质的问题,急需加以改进。

一方面,虽然历经多年教育教学改革,不少学校仍存在教学形式单一、教学方法陈旧的现象,主要表现为注重教师的教而忽视学生主动地学,注重学生对知识的接受而忽视学生建构知识过程中探究能力、批判性思维与实践能力的培养。这种教学方式在某种程度上扼杀了学生的创造精神和创新能力,不利于学生自主学习能力的培养。长此以往,不仅课堂教学失去生机活力,创新人才培养也成为遥不可及的梦想。另一方面,教育信息化促进了传统教学方式的改变,教学组织形式和教学方式日益多样,但是也存在较为突出的"教育"与"信息化"两张皮现象。还有"穿技术新鞋、走传统老路"问题。一些学校只关注信息技术的使用,却不重视技术与教学的深度融合,信息技术在日常教学中还只是表面的、浅层次的应用,导致课堂教学热闹花哨但实际教学效果并不尽如人意。此外,"数字化校园""智慧课堂"等工程的高投入低收益,以及实施过程中的技术依赖和商业化倾向,也使信息化教学日渐受到质疑。

究其原因,一是由于教师素养不足,存在教学观念陈旧、教学策略与教学方法固化、信息化教学能力不足等问题,没有从以"教"为中心转向以"学"为中心,不具备运用信息技术手段创造性开展教学的能力。二是学校在推进教育信息化过程中普遍存在"重建设、轻应用"的现象,只重视教育信息化的基础设施建设,对教师的培训、教育资源的建设与整合、应用平台的建设等重视不够。三是教学评价主要采用纸笔考试方式,关注知识学习结果,对学生学习过程中的问题解决能力、批判性思维、自主学习能力、创造性等复杂能力的评价不够。

解决以上这些问题的关键在于让教学回归教育的本质。一要加强师资队伍建设,通过组织教师教学经验交流、对教师进行培训与教学过程指导等方式,提高教师的专业素质与水平;重构教师评价与激励制度,鼓励教师钻研教学,积极开展教学改革。二要改革教学评价体系,建立"知识+能力+思维"的学生成长综合评价体系,从主要考查学生的知识习得,改为对学生运用所学知识综合分析问题、解决问题以及批判性思维等的考查。三要推进信息技术与课程的整合,应用信息技术重组课程内容、教学模式、教学方法、教学情境,有效整合课前、课中、课后的学习过程和学习资源,实现以学生为主体的学习任务和活动设置。四要建立信息化教学应用监测评价体系,开展以深度融合为核心内容的教育信息化评估。

(五)政府对教育投入不足,社会对教育参与不足

教育经费支出是衡量教育发展状况以及政府对教育重视程度的重要指标。目前,我国教育经费的投入存在总量不足以及投入分配结构不合理等问题。首先,全国教育经费总投入中,财政性教育经费占 GDP 比例低于世界平均水平,与发达国家相比仍存在显著差距。其次,财政预算内教育拨款在初等、中等和高等教育中的分配不合理,高等教育投入比重依然偏高,对初等、中等教育的投入严重不足。再次,地区间投入分配结构不合理,东部沿海发达地区高于中西部内陆欠发达地区,城市高于乡村。最后,教育事业经费中人员经费支出比重偏高,而公用部分比重偏低。

鼓励社会力量参与办学,可以对政府主导的公立教育体系形成有益的补充,全面提升教育服务能力。与发达国家相比,我国吸引社会力量参与教育的力度明显不够,未能将大量社会资源引入充实到教育中。美国 2015 年初等和中等私立教育机构数为 33 619 所,占总数的 25%;大学私立教育机构数为 2 963 所,占高等教育机构总数(4 583 所)的 65%。相应地,我国 2014 年民办高校数仅有 445 所(不含独立学院),占总数的 18%,民办小学及中等学校 1 520 所,仅占总数的 5%。另外,很多高校对地方产业和企业人才需求信息掌握不充分,专业和课程设置不能适应市场需要,人才培养的针对性差。高校人才培养、科学

研究不适应地方经济社会发展,社会服务功能未能充分发挥,追根溯源,也是因为社会对高校人才培养过程参与不够,导致高校与社会脱节。

优先发展教育,要优先保障和加大教育经费投入,完善教育投入长效机制。一要明确各级政府公共教育服务职责,完善各级政府经费投入机制,保障经费来源稳定,确保"三个增长"逐年实现。我国要在2030年实现教育现代化,财政性教育投入占GDP比重应达到5%,这也仅是发达国家的平均水平。二要充分调动全社会办教育的积极性,拓展社会资源进入教育的途径,多渠道增加教育投入,强化社会各界对办学的参与。三要深化办学体制改革,调动全社会参与的积极性,健全政府主导及社会参与、办学主体多元、办学形式多样、充满生机活力的办学体制。

(六)推动教育改革的政绩力量大于教育力量

教育要发展,根本靠改革。《国家中长期教育改革和发展规划纲要(2010—2020年)》(以下简称《教育规划纲要》)明确提出:树立以提高质量为核心的教育发展观,注重教育内涵发展。但有些地方和部门的教育改革在价值取向上出现偏差,掉入狭隘的功利主义和经济主义陷阱,"教育GDP主义"依然盛行,这与联合国教科文组织倡导的将教育和知识视为全球共同利益的理念背道而驰。改革理念偏差直接导致动力源变换,教育改革动力不是内生于教育系统内部,而是来自外部。确切地说,推动教育改革的政绩冲动大于教育力量。

"政绩冲动"的特征是强调发展结果的突破性、完成时间的规限性、推进过程的轰动性、动员资源的非常态性。而教育力量的特征是稳定性、长时性、针对性、常态性。这两种改革力量对教育发展的影响是不一样的。"政绩冲动"主导下的教育改革经常处于急躁亢奋的状态,与教育本质相背离,使教育生态遭受破坏。

解决问题的关键在于,推进教育综合改革,特别是加大县域层面综合改革的力度,大力推进治理体系和治理能力现代化。为此,综合改革要以县域为突破口,改革县域教育管理体制,构建县域层面政府、学校、社会三者的新型关系,实现县域教育"管办评"分离。

一要提高县域政府"管"的针对性和有效性。县域教育管理活动具有不同于一般行政管理活动的特殊性,政府不得在缺乏法定依据的前提下增加学校义务或剥夺、侵犯学校权利。政府应改革教育管理方式,改直接管理为间接管理,减少事前审批,加强事中和事后监管。改革管理内容,重点管教育结构优化、管标准、管评价、管督导和问责,把该管的都管住管好,防止教育管理行为越位、错位和缺位。

二要提高学校"办"的规范性。学校承担着办学主体责任,要依法办学,及时将改革发展的成功经验以章程或校规的形式予以制度化、规范化和法治化。同时,要建立和完善内部治理结构,健全科学民主决策机制,推进民主管理和监督,激发和释放学校的办学活力。

三要提高社会第三方"评"的专业性和科学性。要在县域范围内引入社会第三方评价机制,建立多元化评价体系,积极吸纳专业机构、行业协会、社会组织等力量参与教育评价。评价内容既包括对学校管理水平和教学质量的评价,也包括对重大县域教育政策和工程项目的评价。

三、教育综合改革发展的阶段特征

推进县域教育特色化发展是一项牵动区域历史、地理、政治、经济、文化、人事等领域部门诸要素共同作用,才能完成的事业,必然具有综合改革的性质特征。

(一)教育综合改革发展三个阶段

"教育综合改革"一词,最早出现在20世纪80年代我国农村教育领域改革的相关政策文本中。20世纪80年代以来,我国教育改革的基本原则是注重系统性和审慎性,在城乡分别开展综合性教育改革,并最终将"教育综合改革"这一术语纳入相关教育纲领性文件。纵观我国教育综合改革发展历程,可大致划分为以下三个阶段。①

第一阶段是教育综合改革的起始阶段,时间大致从20世纪80年代开始至21世纪初。这一时期的教育综合改革,以农村教育、城市教育和企业教育综合改革为主要形式。这一阶段教育综合改革推进的动因,是教育系统内部的发展诉求。教育系统以外的其他部门,以及市场、社会等主体参与教育系统改革的动力,尚未成为综合改革的主要动因。

第二阶段是21世纪以来我国对城乡教育综合改革试验的整体部署。党的十六大报告提出"统筹城乡经济社会发展",胡锦涛总书记在党的十六届四中全会上首次提出"两个趋向"的重要论断,标志着我国总体上已到了以工促农、以城带乡的发展阶段。"统筹城乡教育综合改革"是此项改革的一个重要内容。

第三阶段则是2010年至今,即以《教育规划纲要》颁布为标志,在某些重点领域和关键环节部署的教育综合改革,主要是为了解决教育体制深层次矛盾和

---

① 骈茂林.教育综合改革的内涵与推进策略[J].当代教育科学,2011(20):47-49.

问题。这一阶段教育综合改革的突出特点是,开始注重地方政府和基层教育机构的主动参与,关注市场、社会的诉求表达并提供适当形式参与,注重中央的总体指导、统筹协调与地方自主设计、实施相结合。

(二)教育综合改革的重要举措

不同历史阶段的教育综合改革侧重点不同,所采取的政策措施也有所差异,但其改革政策与措施的出发点和落脚点,均是理顺教育系统内部与外部的关系,满足人民群众不断增长的对优质教育的需求。

1. 第一阶段。在教育综合改革的第一阶段,农村领域教育综合改革主要按照《中共中央关于教育体制改革的决定》提出的"两个必须"的要求,由政府统筹,教育要同外部的科技、农业等部门紧密结合,在系统内部,从办学方向、教育体制、教育结构、教育管理、教学内容等方面,对农村教育进行综合性的配套改革,推动农村教育服务于当地经济建设与社会全面进步,主要采取的措施有"三教统筹"和"农科教结合"。

同时期开展的城市教育综合改革的总目标是:建立与社会主义市场经济体制相适应的、基本满足社会主义现代化建设需求的、有中国特色的社会主义教育体系。相应的措施有:①落实教育的战略地位,增加教育投入,改善教师待遇;②高度重视教育结构的协调,包括各类教育的结构、科类的结构以及地域分布等;③认真贯彻落实教育与生产劳动相结合的方针;④加强新形势下的德育工作;⑤研究和建立适应社会主义市场经济的办学体制和管理体制;⑥着重解决各类教育中的一些突出难点,推进教育内部改革,提高教育质量。

2. 第二阶段。在教育综合改革的第二阶段,城乡教育统筹发展是统筹城乡综合改革的一项重要内容。促进教育公平是统筹城乡教育综合改革的核心理念。统筹城乡教育综合改革的重心,是促进农村教育改革和发展。这是新形势下的农村教育改革,它突破了农村教育改革就农村论农民的思维局限,进一步拓宽了农村教育综合改革的领域。

3. 第三阶段。在教育综合改革的第三阶段,党的十八大报告提出深化教育领域综合改革,培养学生创新精神,合理配置教育资源,大力促进教育公平,并强调"就业是民生之本",要"努力办好人民满意的教育""推动实现更高质量的就业""提升劳动者就业创业能力""增强就业稳定性"。

党的十八届三中全会提出了深化教育领域综合改革的具体措施:"全面贯彻党的教育方针,坚持立德树人,加强社会主义核心价值体系教育,完善中华优秀传统文化教育,形成爱学习、爱劳动、爱祖国活动的有效形式和长效机制,增强学生的社会责任感、创新精神、实践能力。强化体育课和课外锻炼,促进青少年身心健康、体魄强健。改进美育教学,提高学生审美和人文素养。大力促进教育公平,健全家庭经济困难学生资助体系,构建利用信息化手段扩大优质教育资源覆盖面的有效机制,逐步缩小县域、城乡、校际差距。统筹城乡义务教育资源均衡配置,实行公办学校标准化建设和校长教师交流轮岗,不设重点学校重点班,破解择校难题,标本兼治减轻学生课业负担。加快现代职业教育体系建设,深化产教融合、校企合作,培养高素质劳动者和技能型人才。创新高校人才培养机制,促进高校办出特色争创一流。推进学前教育、特殊教育、继续教育改革发展。

党的十八届五中全会强调,实现"十三五"时期发展目标,必须牢固树立并切实贯彻创新、协调、绿色、开放、共享的发展理念。这五大发展理念对我国县域教育综合改革具有重要指导意义。

四、县域教育综合改革的任务

教育按体系范围的大小可分为国际、国民和县域三个层次。国际教育是在世界范围内按国家区分的教育活动。这类教育以国家之间的教育交流为主,通过教育影响其他国家,并将各国联系起来。国民教育是主权国家实施的教育,以领土为界。县域教育是在主权国家内,在一定县域形成的具有某种共同特征的教育。简而言之,县域教育是具有一定县域特色的国民教育,是县域总体发展的一个重要组成部分。五大发展理念对县域教育综合改革的最大指导意义,即在于从这两个要素层面上具体贯彻落实中央对地方教育改革的要求。

(一)创新体制机制,形成县域教育治理新体系

教育治理体系与教育治理能力的现代化,是教育综合改革的灵魂,创新则是教育治理体系变革的核心密钥。县区作为教育改革主要"单元",创新各级各类教育发展体制机制,形成县域教育治理新体系。作为县域教育综合改革的核心,县域教育治理体系创新是决定县域教育综合改革成败的首要因素。县域教育综合改革和发展所取得的成就与存在的问题,都直接或间接地与县域教育治理体系改革有着十分密切的联系。县域教育治理体系改革,特别要适应教育管理权不断由市向区、县、学校等层级下放的新形势,不断增强县域的创新能力,履行好政府的政策引导和统筹规划等职责。县域教育行政部门要适应由原先只管基础教育向管理终身教育体制的转变,明确管理职责,健全管理制度,提高管理能力,按照政府管教育、学校办教育、社会评教育的格局,理顺政府、学校和

社会三者之间的关系，充分运用信息化平台，探索建立科学的学校管理机制。

创新县域教育治理理念和体系，改革政府统筹宏观管理机制，应按照中央要求，"放管服"同步进行，广泛发动社会参与，重视市场调节功能，发挥学校自主办学积极性，把办学体制改革、人事制度改革、教育资源管理作为当前治理体系建设的重点，探索建立符合县域教育发展规律的治理体制，推进教育多元办学体制、人事管理体制改革，明确各级各类学校的办学定位，建立科学高效的治理决策机制、人员激励机制、资源流通机制、督导评估机制。通过适当的制度规范和有效的体制改革，扩大学校办学自主权，积极探索建立自主管理、自主发展、自我约束、社会监督的现代学校制度，深化学校管理改革、教学改革、人才培养模式改革。

(二) 协调统筹改革力量，营造县域多元办学新环境

县域教育系统是一个动态发展、与社会环境不断进行物质与能量交换的开放系统，是与基层学校关系最为紧密的"中观"层级。统筹规划是县域教育行政部门推动改革发展的主要手段或工具。县域教育行政部门的统筹规划或协调管理，是落实综合改革理念、推进学校变革的关键。统筹县域资源是发展县域教育的需要，而人力、物力、经费、信息等的调配一般在县区范围，所以，以县区为单位规划县域教育改革切实可行。当前，各地政府对教育战略地位的认识越来越清晰，人们普遍意识到，教育不只是学校四面围墙之内的事情，而是需要全社会共同参与；要协调好各级各类教育乃至与终身教育之间的各种复杂关系，构建促进本县域教育均衡发展的政策、制度、资金配置等措施，为受教育者提供大致相同的教育条件。县域教育发展的终极目标，就是实现县域教育治理体系现代化，提高各级各类学校现代化水平，实现区域教育的均衡、优质发展。

统筹协调，主要是协调好教育与社会，教育与劳动、人事、计划、财政等各行业主管部门之间的关系。如果缺乏协调，有时会因为某一改革力量在某个工作环节上受到"阻塞"而产生"瓶颈效应"，影响整个工作顺利开展或完成。因此，协调是任何一种组织管理系统为促进组织活动一体化，实现系统整体功能所必须实行的管理行为。一般而言，组织系统结构越复杂，工作职能越分化，协调行为也就越重要。县域教育系统作为一个职能高度分化又高度综合、复杂的组织系统，其统筹协调显得尤为重要。

统筹协调发展县域内各级各类教育，一是要遵循国家教育发展的指导思想，全面贯彻党的教育方针，保障公民依法享有受教育的权利，办好人民满意的教育，推进教育现代化水平提高。二是要处理好县域内各级各类教育发展的关

系,促进县域内各级各类教育协调发展。《中华人民共和国国民经济和社会发展第十三个五年规划纲要》提出了我国各级各类教育统筹协调发展的明确思路和要求。县域教育的协调发展,首先要实现县域内教育发展与县域经济、社会发展相协调,其关键在于找到两者的结合部与融合点:两者相互依存、互为动力。县域教育应当以促进县域经济社会发展为依归,从县域经济社会协调发展的高度,科学认识、准确定位县域教育的功能与作用,把握县域教育发展方向,县域教育的结构、质量和数量,必须满足县域经济社会发展要求。按照学习型社会和学习型组织的要求,逐步完善县域教育的结构和体系,以基础教育为发展重点,以大力发展县域职业教育为突破口,全面提升县域存量人口与增量人口的基本素质和现代劳动技能。立足县域,并从县域长远发展的需求出发,建立县域人力资源战略与规划,把人力资源作为支撑县域可持续发展的第一资源,努力培养和造就一支在数量、层次、规格、类型与质量上,都能充分满足县域经济社会发展需要的人力资源大军。

改变政府包揽办学的传统,建立以政府办学为主、社会各界参与的多元化办学新体制,向学校下放相关事项管理权限,给学校更大的发展空间。在传统的治理体制下,学校仅处于内部作业层面,由于与社会文化不能直接联系,学校成了封闭系统。但是,教育活动无法摆脱县域社会文化和各环境因素的影响,所以,进行管理体制改革,要运用政策、经济、信息等间接管理手段,帮助个人、群体获得各种社会经验,促使他们理解维持教育持续发展所需的社会知识,促进学校教育管理思想、内容、方法和机制改革创新。简言之,要让学校直接与市场接轨,与社会环境发生联系,使学校由封闭系统变为开放系统。在此过程中,县域要加强发展的战略规划与管理,依法办学;学校要不断扩大自己的组织规模,改变组织结构,调整组织目标和达标手段,以人为本,激发师生教与学的积极性和创造性,积极构建适合自身条件的学校文化,营造有益于学生身心健康发展的学校环境,不断走向学习型组织,为进一步发展创造条件。

(三)营造教育生态,优化县域教育结构

生态发展的理念,不仅要求县域建立绿色评价体系,更为重要的是,要以生态的观念,看待和促进学校结构、县域教育环境的优化。生物进化过程是有序的,社会发展过程是有序的,教育的进步过程也要有序。一个系统要走向有序,其必要条件之一是系统结构有序,且与外界有物质、能量、信息的通畅交换。系统论研究表明,要使一个系统产生生机勃勃的"耗散结构",就必须在系统内部各要素之间建立良性互动、健康正向的关系。

根据耗散结构理论,我们必须使县域教育系统结构秩序井然,能量交流充分。营造县域教育生态,一定要有良好架构、充满活力的结构。在这一结构中,县域生态系统运行良好,大中小幼以及公办民办学校生态群落"错落有致"。

(四)以开放促发展,提升县域教育现代化水平

健康的县域教育生态,离不开县域教育的"开放"发展。以"开放"的理念,重新认识县域与县域、学校与学校之间的交流,意味着对一般意义上的交往格局的突破,意味着对所有教育客体的认真考察与研究,意味着对自己与他人不同优势与差异的把握与了解。我们认为,在自觉地把别人作为借鉴对象的时候,交流是一种在不同理念指导下的行为碰撞与精神交融,包括按照创新的思路、现代化的理念,重新审视教育的目标和思路,重新审视教育的体制和机制,重新审视教育的观念和工作,重新审视教育的发展和建设。

当然,教育对外开放必须坚持取其精华和自主选择的原则,也就是说,既要学习和吸收对方先进的教育理论、方法、经验和制度,又要继承和发扬自身的优良教育传统,实现教育系统的外部资源和自身特色的有机整合。县域教育的开放,是择优的开放,是充分利用各种资源并与之互动的开放,是提升发展水平的开放。教育开放,必须充分利用各种教育资源和社会力量,发挥社会、家庭、学校的作用,学习、借鉴先进的办学理念、教育经验、现代化教育手段。县域教育系统内部也要着力构建各种信息载体和平台,采取灵活的机制,开展多形式、全方位的教育信息传递与交流,引导全社会共同关注和参与教育活动,正确及时地了解教育发展状况。开放可以为教育扩展无限的空间,可以提供无限的资源,可以带来无限的发展机遇。开放要形成常规并制度化,频繁的交往与深入的开放可以使教育传播知识的桥梁作用得到进一步强化,教育引领文化的作用愈加凸显。

(五)共享综合改革成果,提高县域教育公平度

县域要注重建立信息共享机制,建设掌握新闻发布工作规律和特点的信息员队伍,及时通过平面媒体、影视、网络等载体,全面准确地宣传党的教育方针和政策,充分反映县域教育改革与发展的主流,真实准确地报道先进经验和先进典型,客观反映前进中存在的问题,营造全社会关心支持教育的良好氛围,营造有利于县域教育事业健康发展的良好舆论环境。在为社会提供教育决策所需组织行为信息、实现社会与教育部门信息共享的同时,还要不断提升学校与行政部门共享信息的层级。中国教育科学研究院主导的全国教育满意度测评,是了解教育社情民意的一个良好示范。县域应该主导针对学生、教师、校长、学

区人员和家长的教育民意或教育满意度调查,对县域教育包括学校的各项工作进行评定。调查结果及时公布,公众可以从中了解到县域教育、学校改革与发展的情况。县域教育行政部门通过形势报告会、现场咨询会等多种形式,帮助社会全面了解县域教育状况,正确分析教育形势,从而使外界了解县域教育并主动参与县域教育的改革与发展。

第二节 县域教育特色化发展的资源建设

教育资源是人类社会资源之一,是指教育的生产资料的来源。教育的生产资料是指教育的劳动资料和劳动对象的总和。教育资源大致可分为人力资源、物质资源和观念资源三大类,包括师资、生源和自有教育活动与教育历史以来,在长期的文明进化和教育实践中所创造积累的教育知识、教育经验、教育技能、教育资产、教育费用、教育制度、教育品牌、教育人格、教育理念、教育设施以及教育领域内外人际关系的总和。在县域教育特色化发展过程中,资源建设就显得尤为重要。

一、当前县域教育存在的问题

(一)义务教育均衡发展不能适应入学需求的变化

随着义务教育均衡发展的推进,义务教育阶段,特别是农村学校,办学条件得到极大改善,硬件设施城乡差别不大,但随着城镇化建设的推进,农村进城务工人员流入城市,大量农村学生进城就读,导致城市学校学位不足,大校额、大班额现象凸显,学校资源已不能满足入学需求。与此同时,农村学校生源数量却在急剧下降,中微型学校、"袖珍班"越来越多。当下的问题已不是硬件资源的不均衡,而是生源的不均衡。

(二)优质教师资源分布不均衡

农村教师老龄化现象严重,教学手段和教学方法陈旧,教学新理念难以实施。农村教育环境、生活环境的困乏,造成了农村优秀骨干教师的流失,再加上年轻教师大多不愿意到艰苦的地方,无形之中加大了经济发达地区与欠发达地区优秀学校及薄弱学校之间教师素质的差距。

(三)部分学校管理水平和资源使用效率有待提高

目前学校的硬件设施基本得到了保障,但小部分学校内涵发展不足,尚未形成鲜明的办学思想、管理理念和教育特色,学校管理科学化、精细化水平整体不高,课程改革意愿不足、能力不强。同时,校长和教师的培训不足,对新设施设备没有进行有效的利用。此外,部分学校功能室、图书、现代化设施设备等资源的使用率不高,尤其是教育信息化应用水平普遍偏弱。

二、教育人力资源建设

(一)校长资源建设

在推进特色学校建设中,校长是领导者和组织者,校长居主导地位。我国著名教育家陶行知先生有句名言:"校长是一个学校的灵魂,要想评论一个学校,先要评论它的校长。"一个好校长就是一所好学校,校长在办好学校上起着举足轻重的作用。

1. 以校长的专业标准为依据,改革校长培养模式

2012年,教育部研究制定了《义务教育学校校长专业标准》,从"规划学校发展、营造育人文化、领导课程教学、引领教师成长、优化内部管理、调适外部环境"六个方面,对校长专业发展提出了明确要求,也为校长的培养提供了方向。加强校长培养,促进校长的专业发展,一是要充分发挥校长专业标准引领和导向作用,严格义务教育学校校长任职资格标准,完善义务教育学校校长选拔任用制度,推行校长职级制,建立义务教育学校校长培养培训质量保障体系。二是担负校长培养培训任务的机构,要将校长专业标准作为义务教育学校校长培养培训的主要依据,根据义务教育学校校长不同发展阶段的需求,完善培养培训方案,科学设置培养培训课程,改革教育教学方式,注重校长职业理想与职业道德教育,增强校长教书育人、管理育人的责任感和使命感。三是义务教育学校校长要根据校长专业标准,制定自我专业发展规划,大胆开展学校管理实践,积极进行自我评价,主动参加校长培训和自主研修,不断提升专业发展水平,努力成为教育教学的行家和学校管理的专家。

2. 以特色校长培养为目标,加强名校长队伍建设

拥有专业的校长队伍是义务教育学校发展的基础,而学校的特色发展,需要有特色的校长。陶行知说:"一所办学有特色的学校,必须拥有一位高素质有特色的校长。""创建学校特色,校长要有强烈的特色意识。"学校特色发展,就必须培养特色校长。"名校长工程"就是要培育一批与中小学特色建设相适应、素质优良、富有个性的中小学校长群体,使他们具有强烈的特色创建意识、渊博的文化知识、独特的办学思想,具备开拓创新的精神、追求卓越的品质。

(1)学校特色形成的四个阶段。学校特色的形成,是一个由潜在优势向显性优势转化的过程,一般经历开发、巩固、强化和发展四个阶段。

在开发阶段,校长应立足现实,从本校实际出发,抓住现有优势,挖掘潜在力量,寻找到合适的突破口;在巩固阶段,校长应把开发的具有特色的教育、教学、管理的经验,在校内广为宣传、推广,成为全体学校成员的行为;在强化阶段,校长应把办学特色作为学校工作的重点项目来抓,集中力量解决影响办学特色的关键问题,尽可能为其发展创设良好条件;在发展阶段,校长应引导学校成员将办学特色向着更高水平发展,并对办学经验加以总结、提炼,形成高水平的理论成果。在学校特色创建过程中,从特色项目的开发,到特色的巩固、强化和发展,校长的特色意识起着先导作用。创建学校特色的每项举措,都是在校长强烈的特色意识的驱动下去实施的,它使学校特色的创造活动从自发走向自觉,将单个特色项目逐步扩展成为学校整体的特色。

(2)创建特色学校,校长需要进行五项修炼。

一是校长要有渊博的文化知识。据调查,凡办学成绩显著、有特色的校长,一般都有博览群书、勤于思考、富于创见又善于学习他人之长为已所用的特点。这些校长,无论是在知识广度上还是在深度上,都胜人一筹,他们见多识广、思维严谨、基本功扎实,而且努力学习新教育理论和新管理方法。校长只有知识渊博,才会才思敏捷、遇事不慌,能镇定自如地应付环境变化,通过学校工作展示自己的创造才华。苏联著名教育家苏霍姆林斯基就是一位博览群书、勤学多思、业务专深、富于创造精神的校长,为了研究教学,他广泛研读包括文艺、历史、教育、艺术史、生物、化学、物理等方面的书籍,甚至抱着极大兴趣,阅读遗传学、自动化技术、电子学、天文学等方面的科学著作,他的私人藏书就有19 000册。苏霍姆林斯基因而成为世界知名的学者型校长。

二是校长要有独特的教育思想。教育思想是构成办学价值观的重要组成部分,它是形成学校特色的重要影响因素。独特的教学思想,带有校长鲜明的个性特征,是校长在办学实践中不断总结、提炼、概括的思想结晶。对于一名校长来说,形成独特的教育思想非常重要。晓庄师范学校之所以别具一格,其根本在于陶行知的"生活教育"思想成熟;上海建平中学之所以成为全国著名的"合格+特色"学校,是在冯恩洪校长的"规范+选择"教育模式、"合格+特色"育人目标等独特教育思想影响下形成的。

三是校长要有独特的思想品质。思维是人脑对客观现实的间接和概括的反映。思维品质独特的校长往往选择科学和先进的思维方式,如超前思维、逆向思维、线性思维、系统思维等,因而能显示出常人难以预料的创造能力,不盲从于以前的和别人的观点,不会墨守成规、人云亦云,能在更广阔的范围和更探的层次上悉心分析、潜心研究,还能根据本校实际灵活运用已知原理,创造出奇妙的教育构思、独特的办学模式。由于创建学校特色强调一个"特"字,这就需要校长善于从常规性的事务中解脱出来,成为乐于思考、勤于思考、精于思考的领导者,尤其是要具有独特的思维品质,只有具备优良的思维品质,能勇于创新,才容易在决策上高人一筹,才会别具一格、匠心独运地开展好特色学校建设。

四是校长要有完善的个性。创建学校特色,在很大程度上取决于校长的个性。只有缺乏个性的学校,没有不能形成特色的学校。对校长个性调查的报告表明,优秀的校长具备情绪稳定、主导性强、社会外向型、适应性好、没有神经质倾向、具有支配性和乐天性等品质。这些个性特征会产生多种多样的组合状态,在不同的校长身上有不尽相同的特点。优秀校长总是既具备这些特征又表现得不同凡响。特色学校其实就是有个性的学校,学校个性是校长个性的外显。如果依靠那些平平庸庸、缺乏个性的人,或者依靠那些虽个性突出却不够完善的人,都不可能创办出独具特色的学校来。

五是校长要有出众的管理才能。作为教师的带头人,校长的确应是一位教有所长的好教师,然而更重要的是,他还应是一位才能出众的管理者。有特色的校长,不仅高瞻远瞩、统观全局,能进行系统指挥,而且能承启上下、协调左右、实施目标控制,还能礼贤下士、集思广益、贯彻民主治校原则。概言之,办学有特色的学校校长,善于通盘考虑各种管理要素,善于兼顾各个管理环节,做到人尽其才、财尽其力、物尽其用、时尽其效,实现学校工作整体的最优化。校长的管理才能客观上是有个别差异的,这种差异表现在水平、类型等方面,只有那些决策能力、组织能力、领导能力、控制能力和社会交往能力极为突出的校长,才能最终真正创办出有特色的学校,否则,再成熟的办学思想,都难见到实效。

(3)打造名校长队伍,需要对校长进行四条路径的培养。

一是培训夯基。首先,要依托"国培、省培",为校长提供参加高层培训的机会,这既能提升校长的教育理念,又能提高他们的专业水平。其次,要针对校长队伍的原有基础,进行有针对性的特色培训。再次,要采取项目教研方式,让名校长在实际工作中促进自身成长。总之,要采用多种培训途径,为名校长成长夯实基础。

二是特色引领。全力帮助校长形成自己的办学特色,达到"一校一品"的办学格局,积极进行特色品牌项目建设,以特色品牌建设引领学校发展,让他们立足学校实际,围绕学生素养,开展多种多样的改革实践,形成百花齐放的局面。

三是科研助推。名校长最重要的能力是科研能力。要坚持问题导向,以工作中的问题为课题,积极引导校长确立课题。每所学校都应有主导课题,在主导课题引导下开展工作。

四是交流带动。"择校",说到底是"择"校长、"择"教师。义务教育最大的不均衡,是校长、教师资源分布不均衡。没有优质的师资,就没有优质的教育。学校标准化建设,只是实现均衡发展的基本条件。义务教育均衡发展,根据国际经验,推进校长县域内定期流动是一种比较好的选择,比如,规定在同一所学校任教超过一定年限的校长,必须交流到县域内其他学校。在推动校长定期流动的同时,要尽量避免学校文化传承受到影响,防止造成新的"千校一面"。

3. 以美好教育为导向,鼓励教育家办学

2006年国务院政府工作报告中首次提出"坚持教育家办学"。当今时代,随着经济社会转型与发展,教育正面临着一场巨大的变革,人民对"美好教育"的需求,也正在呼唤教育家办学,社会各界对于新时期教育家成长的呼吁和建议,已逐渐转化为现实的教育政策,而部分地区的率先实践和我国教师教育专业化水平的不断提升,也为新时期教育家的培养提供了重要契机。

(1)要创造有利于教育家成长的政策环境。要造就教育家,实现教育家办学,必须赋予学校相当的办学自主权,充分施展校长的教育理念和聪明才智,为实践其主张创造条件。可见,唯有构建现代化教育制度,才能为教育家的成长提供实践平台和制度保障。《国家中长期教育改革和发展规划纲要(2010—2020年)》明确提出"要创造有利条件,鼓励校长和教师在实践中大胆探索,创新教育思想、教育模式和教育方法,形成教学特色和教学,造就一批教育家,倡导教育家办学。"

(2)着手进行有利于教育家成长的改革探索。赋予改革开放的前沿地区以教育实验区的特别功能,是催生教育家的必要策略。2009年,江苏省在全国率先启动了"江苏人民教育家培养工程"。在全省范围内分四批选拔200名特级教师(其中教师120名、校长80名),围绕修炼师德修养和人文精神、更新教育理念、创新教育教学理论和方法、增强教育教学科研素养、提升学校管理能力等方面,进行重点培养,使他们的教育理念素养和创新实践能力得到全面提升,个人专长更加凸显,特色风格更加鲜明,为他们成长为社会公认的人民教育家奠定基础。山东省在2010年推动了"齐鲁名校长建设工程",在遴选100名校长后,进行为期五年的培养,培养合格后颁发齐鲁名校长证书。

以上实践,为教育家的培养积累了经验。2019年,在中华人民共和国成立70周年之际,国家颁发"人民教育家"国家荣誉称号,于漪、卫兴华、高铭暄三位老师获此殊荣。

(二)教师队伍资源建设

中共中央、国务院印发的《关于全面深化新时代教师队伍建设改革的意见》明确提出,到 2035 年,教师综合素质、专业化水平和创新能力大幅提升,培养造就数以百万计的骨干教师、数以十万计的卓越教师、数以万计的教育家型教师。

目前教师队伍的结构失衡问题同时存在于农村和城市学校。师资问题首先体现在教师队伍青黄不接。据调查,某农村学校有教师 14 名,大多数教师即将退休,只有 2 名年轻大学生,还是从县"特岗计划"中争取过来的。除此之外,其他教师的年龄都在 50 岁以上,30 岁、40 岁年龄段的教师基本没有。该校校长担心,将来某一天老教师都退休了,谁来接任将是一个问题。二是教师整体素质下降,越来越多的优秀学生不愿意报考师范院校,优秀的师范院校毕业生不愿意回到基层从教。三是教师的性别比例失调,尤其是小学、学前教育阶段,大部分是女教师,导致当前教育中出现了男生"女性化"问题;同时,随着"全面二孩"政策的实施,很多女教师生育二孩,直接影响了学校的教学工作。

我们试图从加强师德师风建设、创新队伍管理、加强教师培训、保障教师待遇等方面提出多项措施:重视专业发展,培养教师;加大资源供给,补充教师;创新体制机制,激活教师;优化队伍结构,调配教师。

1. 加强师德建设,打造高素质教师队伍

健全师德建设长效机制,推动师德建设常态化长效化,创新师德教育,完善师德规范,引导广大教师以德立身、以德立学、以德施教、以德育德,坚持教书与育人相统一、言传与身教相统一、潜心问道与关注社会相统一、学术自由与学术规范相统一,争做"四有"好教师,全心全意做学生锤炼品格、学习知识、创新思维、奉献祖国的引路人。

实施师德师风建设工程,开展教师宣传国家重大题材作品立项,推出一批让人喜闻乐见、能够产生广泛影响、展现教师时代风貌的影视作品和文学作品,发掘师德典型、讲好师德故事,加强引领,注重感召,弘扬楷模,形成强大正能量。注重加强对教师思想政治素质、师德师风建设的监察监督,强化师德考评,体现奖优罚劣,推行师德考核负面清单制度,建立教师个人信用记录,完善诚信承诺和失信惩戒机制,着力解决师德失范、学术不端等问题。

我国著名教育家顾明远说,没有老师专业的发展就没有师德的发展。要加强师德建设,就要从评价上衡量师德,从奖惩上肯定师德,从业务上抓好师德。

2. 创新队伍管理机制,激发教师活力

义务教育均衡发展,关键在教师队伍,要坚持把师资均衡作为重点,统筹做好各校之间的教师配置。进一步健全县域内教师交流轮岗制度和县管校聘制度,进一步完善和落实城乡教师差别化待遇的相关政策,特别是提高边远、艰苦地区农村教师补助标准,适度补偿教师因轮岗交流所增加的经济负担。

要加强农村教师的周转房建设,改善教师的生活条件。深化中小学教师职称和考核评价制度改革,在评优评先、职称评聘、职务晋升等方面,重点向在农村的交流教师倾斜,着力搭建好服务平台,通过多种举措提高轮岗交流的吸引力,使更多优秀人才能够乐于交流,安心在农村任教。

要适当提高中小学中级、高级教师岗位比例,畅通教师职业发展通道;进一步完善符合中小学特点的岗位管理制度,实现职称与教师聘用衔接。要将中小学教师到乡村学校、薄弱学校任教1年以上的经历,作为申报高级教师职称和特级教师的必要条件;进一步完善职称评价标准,建立符合中小学教师岗位特点的考核评价指标体系,坚持德才兼备、全面考核,突出教育教学实绩,引导教师潜心教书育人;加强聘后管理,激发教师的工作活力。同时,还要完善相关政策,防止形式主义的考核检查干扰正常教学,不简单用升学率、考试成绩评价教师。

3. 加强教师培训,实施名师工程

学校育人目标主要是通过教师来实现的,要形成学校特色,必须有一支与之相适应的素质优良的教师队伍。教师工作连接着过去、现在和未来,有什么样的教师就有什么样的学生。要使学生有特长,教师首先要做到教有所长。如果一所学校没有一批富有教育教学特长的教师,创建学校特色将失去基础。优化教师队伍,提高教师素质,发现教师的特长,是创建学校特色的根本所在。

区域推进特色学校建设的成败,关键在教师。瑞士著名心理学家皮亚杰指出:"有关教育教学的问题中,没有一个问题不总是与师资培养问题有联系的。如果得不到足够数量合格的教师,任何最使人钦佩的改革也势必要在实践中失败。"[1]

实施"名师工程",就是要加强骨干教师队伍建设,开展名师评选活动,成立"名师工作室",培养师德高尚、为人师表、理念超前、博学善教、开拓创新、追求卓越的教师队伍。

4. 提高福利待遇,提升教师的幸福感

在保障教师待遇方面,要进一步落实待遇调整制度,建立健全义务教育教师工资随本市公务员待遇调整的联动机制,确保义务教育教师工资平均收入水

---

[1] 陈军.浅议中小学特色建设区域推进策略[J].幼儿教育管理,2016(9):3.

平不低于或者略高于本市公务员平均工资收入水平。同时,提高乡村教师待遇,确保经费补贴,进一步完善教师收入分配激励机制,充分体现"多劳多得、优绩优酬、倾斜一线",有效激发基层教师的工作积极性。

三、特色课程资源建设

特色学校建设,课程是主要载体,没有好的课程设计和有效的课程实施,就没有学校教育的高质量,更不能建设有品位的特色学校。以县域为单元推动学校特色发展,不仅是实现区域教育跨越式发展、促进学生素质全面提高的需要,也是当前深化教育综合改革的必然趋势。作为区域教育科研机构,要立足区域历史传统、政治经济文化和自然资源优势,对学校课程资源建设提供课程哲学、规划设计、课程整合、课程创新等方面的指导,推动区域教育特色化发展,促进学生全面个性化发展。①

(一)创新课程,促进学生全面个性化发展

随着国家三级课程管理制度的实施,许多学校纷纷开设了类型多样、内容丰富的校本课程,逐步打破了国家课程"一统天下"的局面,随之也带来了学校课程开发的随意化、碎片化现象。学校对一些课程体系建设的关键问题,如:为何要开发某门课程,课程开发如何与学校特色建设协调起来,如何从制度上保障学校课程得到科学开发和实施,如何使各学科课程实现基于学生生活经验的有效统整,如何在各个学段课程之间建立内在的有机衔接,等等,还缺乏深入的思考,更缺乏系统的实践。

与此同时,国家课程在学校课程体系中处于基础性地位,深化课程改革的关键难题,实际上就在于基于课程标准对国家课程进行校本化实施,但许多学校仍然把开齐开足国家课程这种基础性目标当作最高目标,满足于当前课程实施状态,缺乏对国家课程进行开发的意识和动力。对这些关键问题的突破,需要区域按照国家和省市课程目标要求,围绕立德树人根本任务进行课程建设的系统规划,突显区域、学校办学特色,持续推进学校教育优质化、个性化发展。

由此可见,对于区域教育综合改革中的课程创新来说,它所要追求的,是解决过去课程改革中出现的由于片面追求课程数量、规模、盲目整合,忽略系统思考和整体设计,从而造成的课程建设"碎片化""分散化""割裂化""无序化"等一系列问题②。学校课程建设中存在的这些问题,带来的不利影响是多方面的。

---

① 万伟.课程的力量[M].上海:华东师范大学出版社,2017:85.
② 陈如平.学校新样态课程[M].北京:开明出版社,2016:1.

从宏观层面来讲,它影响了我国基础教育课程改革的进一步推进,影响了学生发展核心素养的有效落实。从中观层面来讲,它影响了学校在更高层面的优质均衡发展和教师的专业水平提升。更重要的是,从微观层面也即学校教育的最终目标来讲,它会影响到每一个学生全面、有个性和可持续的发展。因此,区域教育综合改革中的课程创新,需要在当前时代背景下,聚焦学生适应和胜任未来社会发展所需的核心素养,以一种系统性方式进行思考,从而实现学校课程体系的整体性构建。

学校课程体系建设是学校特色发展的重要载体,每个学校都要充分发挥学校师生的创造性智慧,寻找对学校课程目标的个性化表达,彰显学校的个性和特色。同时,在对学校课程的功能和基本领域做出一般性区分之后,大力倡导搭建各具特色的学校课程体系结构图,以形象地表达学校的课程建设目标和价值追求,从而更加有力地促进学校的发展。为保证学校课程不断创新,学校领导和教师需要不断叩问课程体系建设的价值和意义,唯其如此,他们对学校课程体系建设才能持有始终如一的信念和心态,学校课程创新才能结出累累硕果。

(二)课程体系建构

对于学生的健康成长来说,课程是最重要的支撑,是促进学生健康成长的精神食粮。课程是学校献给孩子最好的礼物。学校课程体系的整体建构,是教育内涵发展最为关键的因素。《国家中长期教育改革和发展规划纲要(2010—2020年)》提出"为每个学生提供适合的教育",其本质就是要为每个学生提供适合的课程。2014年,教育部下发《关于全面深化课程改革 落实立德树人根本任务的意见》,指出:"坚持系统设计,整体规划育人各个环节的改革,整合利用各种资源,统筹协调各方力量,实现全科育人、全程育人、全员育人。为此,要坚持重点突破,聚焦课程改革的关键领域和主要环节,针对制约课程改革的体制机制障碍,集中攻关,重点推进;坚持继承创新,注重课程改革的连续性和可持续性,适应新时期教育发展的新要求,积极开拓,大胆试验。"

由此可见,推进课程体系整体建构,是新时期落实立德树人根本任务的重要保障。中国教育科学研究院陈如平研究员指出,推进课程体系整体建构,要坚守一个信念、形成两种意识、把握三个关键。坚守一个信念,即提供适合学生发展的教育其本质就是提供适合学生发展的课程。形成两种意识,一是课程意识,二是课程体系意识。课程意识主要涉及"课程是什么"的问题,课程体系意识则要求系统、整体、完整地看待所有的学校课程及其安排。把握三个关键,一是站在"整体育人"的高度来设计课程体系;二是搭建科学合理、充满活力的课程结构;三是努力追寻课程体系建设的价值和意义①。

"一个信念、两种意识、三个关键",既是区域课程体系建构应该坚持的基本原则,也是区域课程体系建设的方法论。对于区域教育综合改革而言,整体构建学校课程,形成富有特色的学校课程体系,是重中之重的任务。②

我国长期以来注重课堂教学,而忽视课程建设,中小学尤其如此。随着基础教育课程改革的持续深化,学校课程及其体系建构逐渐成为撬动基础教育质量提升的重要环节。过去我们往往把课程等同于静态的教学计划及其进程安排,忽略了课程是可以积极建构的,是可以动态调整的。可见,换一个视角来理解课程,会发现课程是丰富多样的,一事一物皆教育,时时处处有课程。

聚焦核心素养是当下基础教育课程改革的方向。所谓核心素养,指的是同职业上的实力与人生的成功直接相关,涵盖了社会技能与动机、人格特征的统整的能力。可以说,这是牵涉到不仅"知晓什么",而且在现实的问题情境中"能做什么"的问题③。我国非常重视核心素养的研究,核心素养的提出,进一步明确了传授知识、培养能力与健全人格的关系,它们不是彼此割裂的,而是一个统一的整体,最终是为了实现培养社会主义建设者与接班人的目标。因此,学校课程改革必须以核心素养为统领。

核心素养是学校课程建设的 DNA(脱氧核糖核酸),它为学校课程改革及课程整体建构指明了方向,即课程不仅要教给学生知识,更要给孩子能力以及正确的情感、态度、价值观,让他们具备终身发展的能力。因此,突破以往国家课程、地方课程、校本课程的分块设计,向整体构建学校课程体系不断迈进,这是当下学校课程改革的方向。

整体构建学校课程体系,需要理清学校育人目标与育人理念的关系,站在整体育人的高度去思考、设计学校课程。换言之,每个学校都要根据学校历史、生源及时代发展需要,明确自己的育人目标,结合育人目标去构建学校课程体系。让课程体系服务于学校育人目标,需要关注国家课程、地方课程与校本课程之间的内在关系,使三者融会贯通,统一到学校课程之中,而不是将三者割裂开来。这就要求学校管理者充分挖掘三级课程之间的内在逻辑与关联,采用课程整合的方式实现课程之间的有机联合、融会贯通,以育人目标为统领,整合相关课程内容,形成育人合力。课程体系建设要从"育分"转向"育人",即从核心

---

① 陈如平.学校新样态课程[M].北京:开明出版社,2016:2.
② 陈子季,等.区域教育综合改革[M].北京:教育科学出版社,2018:52.
③ 钟启泉.基于核心素养的课程发展:挑战与发展[J].全球教育展望,2016(1):1.

素养出发，从培养一个完整的人出发，高度关注学生的能力、态度、情感等方面的发展。

区域教育综合改革，归根结底是为了更好地落实立德树人这一根本教育任务，体制上、理念上、制度上的一切创新，都必须在有利于这一任务的实现时，才是真正有效和有意义的。而所有的这些创新，离开了课程上的创新，就会成为镜中花、水中月。只有实现课程建设上的创新，只有让课程在日常的课堂教学中落地生根，区域教育综合改革才算是真正取得了实效。

四、制度资源建设

（一）特色化发展必须充分体现义务教育均衡发展的内涵

义务教育作为政府提供的一种基本公共服务，具有强制性、免费性、统一性等特征。第一，强制性。指的是对于接受者来说，义务教育是一种人人都享有的权益，接受义务教育是宪法赋予的基本人权，政府、学校和家庭都要按照法律规定，保障适龄儿童接受义务教育的权益。第二，免费性。指的是义务教育的经费来自国家和地方政府财政拨款，免收学生学杂费。我国无偿为适龄儿童提供9年免费义务教育，有些县域已经实行12年或15年免费义务教育。第三，统一性。指的是在享受某一权益的过程中，接受主体是平等的、无差别的。现代化的教育成果能够为所有人共享，能够对增进人们的福祉有实质贡献。同时，统一性还包括要制定共同的义务教育阶段学校建设标准、教科书设置标准、教学标准、经费标准等。义务教育的均衡发展是指国家在一定时期内，按照一定标准，通过合理配置教育资源，促进义务教育全面和均衡发展，它反映了一种义务教育质量观。义务教育均衡强调教育资源配置的公平，即要求国家通过制度性的安排，平等地满足不同地区、家庭、民族、性别和健康状况的每一个适龄儿童的"基本学习需求"（包括年限、内容、质量等），以确保所有个体享有平等的发展权利。

（二）创新制度，提升学校内部治理能力

县域教育现代化的实现，离不开现代学校制度建设和学校内部治理结构、运行机制的完善。作为一种独特的社会环境，一套良好的符合教育规律的制度体系和运行机制，对学生的健康成长有着潜移默化的影响。因此，在县域教育综合改革过程中，制度创新是提升县域教育内涵和实力的重要环节。

在我国的县域教育综合改革中，学校制度的创新发展需要解决的主要问题包括三个方面。第一，由于政府权力过度控制和过深介入学校管理的微观领域,学校缺乏办学自主权,进而导致学校自主发展意识和能力严重不足,因而需要通过体制创新转变政府职能。第二,学校内部治理结构不完善,以落实办学自主权为目标的校长负责制,虽然有很高的行政执行效率,但校长主要是对上级教育行政机构负责,而不是对下负责,校长容易忽视学校教学及师生的发展,导致学校教育无法体现专业性和自主性。第三,学校管理缺乏开放精神,师生、家长、社会相关人员对学校内部管理的民主参与严重不足。从目前来讲,学校制度的创新发展,主要是指通过内部治理结构的创造性改进,使学校内部管理能围绕教育教学这一核心专业活动展开,同时调动更多教育相关主体参与这一核心专业活动。

为了解决现代学校制度建设中的瓶颈性问题,通过学校内部治理改革激发学校发展活力,中国教育科学研究院成都市青羊实验区进行了富有成效的大胆探索。青羊实验区在专家组的指导下,借鉴吸收西方新公共管理和校本管理的理念,结合本地家、校、社三结合教育研究的基础,以民主引领现代学校制度构建为方向,以落实学校内部民主管理为着力点,实现制度性突破,从而推进学校内部管理制度的现代化。

具体的实践途径就是在实验学校成立学校民主管理委员会(简称"民管会")。成立学校内部的民主管理机构,在学校内部治理改革中并非难事,对于推动现代学校制度建设来说,最难的是如何用一系列制度保障这些机构持续运转并发挥实质性作用。为充分保障学校民管会的规范运转,青羊实验区制定了《民管会章程》,章程中明确界定了学校民管会的性质、角色和定位,民管会委员的构成和产生办法、权利和义务等,并以此为基础,形成了比较完善的学校制度体系,为学校民管会的规范建设和运转提供了制度保障。学校民管会的成立和有效运行,为落实区教育局提出的"五还给"教育理念——"把课堂还给学生,把教改还给教师,把学校还给校长,把质量评价还给专家,把教育评价还给社会"提供了具体的载体。与此同时,它促进了学校决策的科学化和民主化,尤其是公推直选校长制度,打破了学校重大人事任免的坚冰,校长的责任感和发展学校的主动性明显增强,家长与社区参与也更加深入,整合了各方资源,实现了学校相关群体的互利共赢。

学校制度创新能够使学校内部、学校与外部的各种关系得到理顺,使学校能够聚焦学生发展,教育实践主体的主动性和创造性也能得到有效提升。由此看来,"制度创新也是生产力",只有不断创新完善学校制度,县域教育质量的提升才能建立在更加坚实的基础之上。

山东省青岛市为了满足市民对优质、多元教育的需求,政府以"简政放权"

为突破口,实现由微观管理到宏观管理的转变,加快现代学校制度建设。青岛市全面推行学校管理权限清单制度,将副校长聘任、内部机构设置和中层干部聘任、财政性经费预算管理、内部分配、招生等方面的管理权限,全面落实和下放给学校。同时,青岛市注重依法行政,研究制定了《青岛市中小学管理办法》,在向学校下放自主权的同时,鼓励和引导校长向教师、学生、家长和社会让渡权利,在全市中小学建立了家长委员会和校务委员会,并逐步建立了教师、家长、学生、社区代表和专家共同参与的学校治理机制。

除此以外,建立"升级版"中师制度,解决农村教师培养困境;成立"微型学校联盟",实现内部教育资源共享;减少大班额,化解城"挤"乡"空"难题;设计"e农计划",吸引留守儿童父母返乡;调动"新乡贤"等乡土资源,支持教育发展……来自地方政府的变革和创新实践,为深化教育领域综合改革,为中央政策"落地",提供了多种可能性,教育改革因此充满了生机与活力。

第三节　县域教育特色学校群打造

党的十八届三中全会通过《中共中央关于全面深化改革若干重大问题的决定》,要求"缩小县域、城乡、校际差距""破解择校难题",将教育综合改革的关注点投向了学校建设。学校既是县域教育的基本组成单位,也是县域教育质量的体现和保障,只有发展好每一所学校,才能缩小校际差距,实现县域教育的均衡发展。但是,县域教育的均衡发展不是平均发展,缩小校际差距也不是消灭校际差异,而是在县域教育的整体格局中,明确每一所学校的发展定位,做强每一所学校的优势领域,让每一所学校育有所长、教有所用,形成县域特色学校群,尽力为每个学生提供适合的教育。

一、树立特色品牌原则

树立学校特色品牌,促进县域教育特色发展,是县域教育综合改革的重要内容。创建特色学校对于改变"千校一面、万人一书"的教育格局具有极大的冲击力。相关调研发现,大多数冠以"特色学校"之名的学校,缺乏对学校发展目标的认真梳理与总结,集中体现为学校发展目标具有极大的雷同性。国家的教育目的与教育方针不能代替学校发展目标,没有个性鲜明、科学周延的学校发展目标,注定办不出特色学校。县域、学校特色品牌的树立,要在一定的坐标体系中加以考量,要充分考虑学段衔接,也要注意特色的限度问题。

(一)精准坐标参照

一所学校是不是特色学校,需要将其放在一定的"坐标系"里加以考察。通俗点说,特色是相对的,是比较出来的。现在各地涌现出来的篮球特色校、外国语特色校、社团特色校、小班化教学特色校等,均冠以"特色校"的名号,那究竟是不是特色学校呢?我们需要将其放入"坐标系"进行比较鉴别。以外国语特色校为例,判断是不是特色校,不能将其和非外国语类学校对比,而是要和外国语类的学校进行对比,然后看其培养目标、课程方案、课堂教学、学生评价等是不是独树一帜,具有鲜明的教育意蕴。这是判断一所学校是不是特色学校的标准,也是努力办好一所特色学校的目标定位。①

(二)学段衔接

树立特色品牌,要注意教育的衔接融通,不可以随意超越学段限制。然而,实践中,逾越学段限制的做法比比皆是。单就教学法而言,中小学没有显著的差别。有学者曾指出,一年级教师的教学和六年级教师的教学,最大的区别是教师的发音方式,低年级教师"嗲"一点,而高年级教师正常讲话,其余的几乎没有区别。在建设特色学校过程中,一些本属于高学段的设计,如一些知名高中整合国家课程、自主研发选修课程、走班上课等,也被很多小学照搬、模仿。特色学校作为培育有个性、有特长、有想法学生的学校,不可逾越教育规律与人成长发展的规律,超越学段限制。建设特色学校,必须在人才培养的衔接、融通上做好顶层设计、统筹规划,才能体现一以贯之的思想,毕竟一个学生的兴趣或特长发展,不应该随着升级、升学等因素而中断。特色学校对学生特色的打造更应如此,必须有良好的衔接融通,让特色人才的特色得到巩固发展。

(三)特色办学的限度问题

鼓励中小学办出特色,并不等于每一所学校都是特色学校。一些地方试图把县域内每一所学校都打造成特色学校,不遗余力地给予政策、资金支持。从辩证哲学的角度看,每一所学校都成为特色学校,就缺失了特色学校存在的"坐标系";从人的发展及社会需要看,中规中矩的"中庸之人"是社会人的主流;从学校教育看,"学校是不同的,但学校教育在哪里都是一样的"。② 因此,力求每一所学校都成为特色学校,在实践中未必能行得通。

---

① 王玉国.特色学校建设应有精准"坐标"[N].中国教育报,2014-07-02(10).
② 王玉国.特色学校建设应有精准"坐标"[N].中国教育报,2014-02-14(10).

二、县域教育特色学校群的要素与特征

近年来,特色学校建设已引起越来越多的关注,尽管一些人不赞成"特色学校"这一说法,认为基础教育的关键是完成国家规定的教育任务,而不是所谓的学校特色,但这种观点并没有挡住特色学校建设的洪流,不少地方大力推广"一校一品"的学校发展思路,取得了令人瞩目的成效。

但是,从县域教育综合改革的视角看,对县域教育产生巨大作用的不是单个的、零散的学校特色,而是特色学校群,各自为政的学校特色,难以形成县域教育的改革聚合力,难以凝聚成"牵一发而动全身"的县域教育综合改革战略。因此,特色学校建设只是走完了县域教育综合改革的第一步,只有把各校特色凝聚起来,形成县域特色学校群,才能发挥学校特色的集群效应,形成县域教育综合改革的良好氛围。

(一)县域教育特色学校群的基本要素

县域教育特色学校群,是指县域内各有特色的学校相互聚集、共同影响,以此形成具有"共同发展、各展所长、百花竞放、蓬勃共生"等特征的县域学校群体。特色学校群以县域教育综合改革的整体战略为指针,以特色学校的建设为起点,以校际特色的共享与共生为纽带,以拉动学校的整体变革为关键,通过特色学校的集群发展,促进县域教育的综合变革与整体提升。从内涵上看,县域特色学校群应包含"全体""全面""差异""整合""效应"五个基本要素。

1. 面向全体,每一所学校都有充分生长的空间

县域教育特色学校群的建设,必须面向和盘活县域内的每一所学校,为它们创造特色建设的条件,提供充分生长的空间。党委政府要通过多种方式,促进县域教育资源公平分配,"县域教育资源的公平分配是社会分配正义的重要组成部分,但教育资源的分配与其他社会财富的分配有着根本的不同,教育分配的是一种面向未来的可能性,分配的是一种理想和希望"。① 特色学校群的建设,既要公平分配物质资源,也要把特色建设的理想和希望带给薄弱的、偏远的学校,重视和扶持它们的特色发展,让每一所学校都能在特色学校群的建设中找到自己的"生态位",走出适合自己的发展道路。

2. 立足全面,没有全面优质就没有特色发展

全面贯彻党的教育方针,培养德智体美全面发展的社会主义建设者和接班

---

① 刘贵华,等.区域综合改革:中国教育改革的转型与突破[M].北京:中国教育科学出版社,2015:187.

人,是建设特色学校群的前提。特色学校群的建设不是标新立异、各自为政,而是在党的教育方针指导下,全面完成教育任务,全面提高学生发展质量,在全面保障育人质量的基础上,发展优势领域,促进特色发展。"特色发展不是简单的差异发展,而是在承认学校差异的基础上实现高质量的优势发展;也不是特色项目发展,特色项目可以作为特色发展的切入口、突破点,但'点'不能带'面',只有全面优质地促进每一位师生的发展,才能真正做优学校特色。"①

3. 尊重差异,没有差异就没有特色

特色发展的实质是差异发展。生态学理论认为,物种的差异化发展是改善生态的必备条件,一个系统内的物种全部趋同,这个系统的发展就会逐步停滞直至消亡。县域特色学校群的建设,就是在尊重学校发展差异的基础上,避免学校间的趋同发展,保持县域教育的发展活力。"差异、特色,是基础教育生动活泼发展不可缺少的元素。均衡发展、教育公平不是搞大锅饭,而是承认差异、多样。均衡发展不是把千万所中小学办成'一所'学校,而是要办好每一所学校,即在硬件、软件都达到一定水准的基础上,实现学校个性化发展。"②特色学校群的建设,就是在差异化发展中实现教育公平,保证每所学校的发展条件与教育质量,调动学校自主发展的创造力,在个性发展中实现差异均衡,缩小校际差距。

4. 优势整合,由发展特色学校走向建设县域特色生态

特色学校群是以系统建设的思路,实现单个特色学校向县域特色教育生态的转变。一是学校内的全盘谋划与系统整合。学校通过某一特色的深度建设,带动其他方面的改革。二是学校间的优势整合、共生共荣。县域教育生态具有关联性、整体性与层次性等特征,关联性要求县域内学校特色建设彼此渗透、共享共生,整体性要求确立县域特色建设整体战略,层次性要求特色建设考虑县域整体布局与发展进程,是学校内的系统发展与区域内的整体布局相互呼应、互动共生。学校借县域特色发展之势,促进内部整体发展,也在县域特色教育生态建设中贡献自己的力量,实现学校个体与县域发展的互动共赢。

5. 立体效应,提升特色学校群附加值

特色学校群具有立体效应,主要体现在五个方面:一是形成县域教育特色发展战略,特色学校建设要由"校"到"群",需要以县域教育整体发展为指引,建

---

① 转引自刘贵华,等.区域综合改革:中国教育改革的转型与突破[M].北京:中国教育科学出版社,2015:187.
② 转引自刘贵华,等.区域综合改革:中国教育改革的转型与突破[M].北京:中国教育科学出版社,2015:188.

设县域特色学校群,促使县域党委政府思考和形成本县域的特色发展战略;二是以学校的差异发展促进县域的校际均衡,在差异中发展特色,以特色带动发展,以此促进校际均衡;三是在优势共享中形成综合改革合力,发掘和尊重各校的优势领域,在优势领域的共享中聚合资源,形成县域教育综合改革优势,铸炼县域教育综合改革特色;四是提高县域社会经济发展优势与特色学校群建设的互动能力,以县域社会经济发展特色带动特色学校群建设,以特色学校群强化和优化县域社会的发展特色;五是提升县域教育社会影响力,形成社会各界对县域教育的美好认知。在这五个要素中,"全体"是前提,"全面"是保障,"差异"是核心,"整合"是关键,"效应"是目的。只有这五个要素同时着力、共同推进,才能建设优质特色学校群。

(二)县域特色学校群主要特征

特色学校群要融合上述五个要素,需要在县域特色发展战略、结构布局、资源整合、自主办学、系统推进等方面体现出鲜明特征。

1. 整体战略,在县域愿景中实现特色学校集群发展

生态学认为,只有共同的发展方向与相似的发展特质,才能构成具有凝聚力的生物群落,生物群落一旦形成,就能在能量流动中形成自我更新的发展动力。建设县域特色学校群的重要目的,就是构建县域教育的学校发展群落,形成县域学校自我更新的群体动力。要建构有效的学校特色发展群落,需要确立共同的发展方向与特色建设的县域愿景,帮助各学校在共同愿景与总体方向的引领下,发掘自身潜能,培育优势领域,积淀发展特色。因此,特色学校群的首要特征,是在县域内形成特色发展的整体战略,各学校在县域愿景的统领下各展所长、相互渗透,实现特色建设集群发展。

2. 县域结构,在合理布局中实现学校特色最优发展

县域愿景引领下的特色发展,不是统一步调、模式相近的趋同发展,而是在县域战略引领下,结合各学校的历史文化资源、目前的发展重点、办学水平、发展潜能、所处社区的特色资源等,确立特色发展的"生态位"。因此,县域特色学校群的第二个特征,是各级党委政府能够根据县域战略整体部署,合理布局不同学校的特色发展,形成多层次、多取向的学校特色发展格局。如四川省成都市锦江区在2010—2020年的教育中长期发展规划中,就采用了特色学校群的发展思路,首先提出了"办'结构精当、环境精致、资源精良、队伍精锐、质量精实'的中西部领先、国内一流的精品教育"的县域教育目标和"扬峰填谷、精彩纷呈"的改革战略,然后对县域内学校的特色发展做了如下布局:

对目前尚没有特色项目或特色项目不明显的学校,以项目孵化特色。挖掘论证本校优势资源,从体现学校办学理念、利于学生成长、利于学校发展出发,寻找突破口,确定特色项目,明确项目发展目标,理清"合格—规范—特色—品牌"发展思路,制定发展规划和相应的保障制度,2012年完成项目孵化,2015年前形成明显特色。

对已形成单项特色项目的学校,以创新提升特色。在梳理、分析本校传统特色、目前状况(历史、环境、硬件、师资、生源)基础上,确定新的发展目标,完善各项建设及保障措施,让特色项目建设与学校办学理念结合,以特色发展带动学校整体发展和内涵发展,由特色项目发展成特色学校。

对现有特色明显的学校和传统名校,以文化彰显特色。稳健地做精、做优、做强学校传统特色,形成独特的办学理念和个性化的学校文化特质,使学校特色建设成为推动学校办学水平和办学品位再上台阶的原动力,成为"精品教育"的样板。

面向全体、立足全面、尊重差异、分层推进、合理布局,使锦江区的特色学校建设呈现出集群发展态势。

3. 共享共荣,在资源积聚中实现学校特色联动发展

县域特色学校群的第三个特征,是形成共享共荣县域特色教育发展生态,能在县域整体布局中,把某一学校的优势领域转变为县域教育的发展优势,把单个学校的教育特色变为县域教育的共享资源,既能在学校发展中积聚县域特色资源,也能在县域教育特色塑造中提升单个学校的特色品质,实现学校与学校、学校与县域特色共享与共荣。如湖南省长沙市岳麓区在县域特色建设中提出了"从'各美其美'到'美美与共'"的发展思路,形成了纵横交错的县域特色链圈。

4. 个性内生,在差异创生中实现学校特色自主发展

"特色学校发展战略的精髓,是要推动学校自主发展。""特色发展,就是要激发和保护学校的自主性、创造性,尽量推动每一所学校自主制订中长期发展规划,自主明确学校发展方向,自主凝练学校发展特色,自觉传承或培育独特的学校文化,全面提升学校教育质量。"[①]建设县域特色学校群,就是要在整体战略、县域结构、共享共荣的县域环境中,促进学校立足自身基础,以差异发展的思路,培植本校优势领域,形成本校发展特色。因此,形成本校特色的过程,既是发现本校与其他学校差异的过程,也是不断做优和做强差异的过程,这一过

---

① 转引自刘贵华,等.区域综合改革:中国教育改革的转型与突破[M].北京:中国教育科学出版社,2015:191-192.

程需要学校主动谋划、积极创新,形成办学个性。如成都市青羊区在学校"特色发展项目"推进过程中,引导和帮助学校自主发展,形成了一定的办学个性。

普利高津的耗散结构理论认为,一个远离平衡态的复杂系统,在与周围系统交换信息与能量过程中,从无序走向有序,才能实现自身的超越与发展,这种远离平衡态、不断实现自身发展的系统结构,被称为耗散结构。特色学校群建设目的之一,是形成县域内特色学校发展的耗散结构。普利高津认为,形成耗散结构要满足四个条件:一是系统的开放性;二是打破系统的现有平衡;三是建立动力与反馈机制;四是在不断协调中达到新的平衡。县域内的学校,要在耗散结构中实现特色的综合发展,需要建立联动改革机制,协调县域内各种改革要素,聚集各种力量,巩固改革成果,体现出彼此开放、不断改革的联动发展格局,形成"平衡—不平衡—平衡"的螺旋发展态势。只有这样,才能发挥特色学校集群优势,产生县域教育综合改革的系统效应。

三、县域教育特色学校群的建设思路与流程

县域特色学校建设,要更好地体现"集群"发展的基本要素与主要特征,必须改变封闭孤立、力量分散、简单重复、盲目模仿、低位运行、散点发展的特色建设状态,打破单校孤军奋战、各行其是、零散建设的特色发展格局,在县域定向、学校定位、全域共生等方面,促进特色学校的集群发展。

(一)县域定向,共构特色发展生态系统

县域特色学校的集群发展,是以县域教育综合改革为依托,为整个县域及其每一所学校的特色发展与品牌塑造营造良好生态环境。生态学认为,良好的生态系统,以良好的环境因子为基础,生态系统中的"环境因子具有综合性和调剂性""环境中各种生态因子不是孤立存在的,而是彼此联系、互相促进、互相制约,任何一个单因子的变化,必将引起其他因子不同程度的变化及其反作用",这些"生态因子所发生的作用虽然有直接和间接作用、主要和次要作用、重要和不重要作用之分,但它们在一定条件下又可以互相转化"[①],转化的方向受制于整个系统的发展与变化。要改变生态系统中的每一个因子,提高每一个因子的系统贡献力,需要形成系统运行的整体方向与重点。

特色学校群建设,首先要形成县域教育特色发展的良好生态。这一生态系统,不仅由教育系统内的诸多因子构成,也包括社会、经济、政治等教育系统外

---

① 转引自刘贵华,等.区域综合改革:中国教育改革的转型与突破[M].北京:中国教育科学出版社,2015:194.

的其他因子，教育系统内外各个因子构成特色学校群的环境系统。要使县域内各学校特色建设成为县域品牌塑造的正向推动力，或者使县域教育的品牌塑造成为学校特色建设的有利环境，必须首先确立县域教育品牌的发展方向，明确县域教育系统的运行目标。这一方向与目标，必须由教育系统内外各个影响因子共同确定，才能形成特色学校群建设与县域教育整体发展、互动共生的良性生态。要形成这样的良性生态，需要在质量底线、品牌战略、县域布局、综合联动等方面进行县域定向。

1. 坚守一条质量底线

建设县域特色学校群的最终目的，是在转变教育方式中，创新人才培养模式，提高育人质量。党的十八届三中全会提出了深化教育领域综合改革的基本任务："坚持立德树人，加强社会主义核心价值体系教育，完善中华优秀传统文化教育，形成爱学习、爱劳动、爱祖国活动的有效形式和长效机制，增强学生社会责任感、创新精神、实践能力；强化体育课和课外锻炼，促进青少年身心健康、体魄强健；改进美育教学，提高学生审美和人文素养。"特色学校群建设，是为了更好地完成党和国家提出的这一教育任务，帮助学生全面发展、多样发展、人人成才，引导学校创造更加适合学生发展的教育。县域特色学校群建设，必须立足最为基本的教育任务，在确保教育质量底线基础上，实现学校多样化和更好的发展。

2. 选择一种战略品牌

特色成就品牌，县域特色学校群建设，要发挥聚合效应，形成县域教育品牌，需要县域党委政府确立品牌战略，引导各学校围绕县域品牌核心追求，选择和建设适合本校的发展特色，形成县域特色建设的学校合力，促进特色学校的集群发展。

3. 编制一幅县域布局

以县域战略品牌为引领，帮助各学校梳理自己的特色资源，明确各学校从哪一个角度或在哪一个领域形成特色，以此编制县域特色学校群建设布局图，避免县域内学校重复建设与低位运行。

(二) 学校定位，在多样化办学中建构县域特色发展谱系

在形成了学校特色发展的县域生态后，应引导和帮助各学校明确特色发展的"生态位"。县域特色学校群建设，既要考虑县域品牌战略的大格局，也要体现学校特色发展的多样性。人的发展不可能整齐划一，更不能"一条道路通罗马"，它需要多样化的引导与支持，需要适合自己的个性空间。没有学校的多

样性,就没有富含活力的县域特色学校群,更不能培育出多样化、富有个性的人才。

生态学认为,只有多样性的生物群落,才能在自然法则中不断生成自己的种族谱系,并在这种谱系中获取持续成长的力量,保持生物群落多样性的重要方法,就是尊重和维护每一生物的"生态位",让群落中的生物在自己的轨迹上生长出自己的特点,发挥自己能够发挥的功能。特色学校群的建设也是一样,只有尊重每所学校的独特性,才能在多样化的学校个性中,建构具有生长活力的县域特色发展谱系。为帮助学校在县域特色发展谱系中找准生态位,可以采用优势分析、差异定位、品牌凝聚等方式做优特色,形成个性。

1. 优势分析,再微弱的火花也有燎原的希望

优势是人无我有、人有我精,是在横向或纵向比较中发现的。特色学校群建设中的学校定位,第一步是寻找学校的优势领域。寻找优势领域主要有三种策略:一是横向比较中的优势定位,在与县域内其他学校的比较中,确定自己的优势领域;二是纵向比较中的潜能定位,如果与其他学校相比没有明显优势,则在纵向比较中寻找发展点或本校在日常教育教学之外的特别之处,由此探究和明晰学校的发展潜能,在潜能处定位将来的发展优势;三是在空白点上做强优势,如果在纵横比较中均不能发现学校的优势与潜能,则根据县域品牌战略的核心指向和学生发展的主流需求,寻找特色发展的空白点,在空白点上绘制学校发展蓝图,在错位发展中做大做优空白点,以此形成优势领域,做强学校特色。

对于没有任何优势的学校,要善于寻找"微弱的火花",在"微弱的火花"中寻找"燎原"的突破口。

2. 差异定位,寻找学校发展的独特灵魂

在优势中明晰差异,在差异中定位特色,在特色中寻找学校发展的独特灵魂,使县域特色发展谱系呈现出独特的风景,这是县域特色学校群建设的第二步。走好这一步,需要经历以下步骤:一是明确优势领域;二是探究优势领域的精神内核,建构学校的精神文化;三是把精神文化渗透到学校工作的各个领域,形成学校及其师生的发展灵魂。只有这样利用"差异",才能让"差异"成为学校发展的整体定位,并为形成学校特色奠定基础。

3. 品牌凝聚,在坚守中把特色锻造成品牌

品牌是特色的坚守。在优势分析与差异定位中明确了学校的特色发展方向与领域之后,就应全力以赴、持之以恒地深化、发展,才能形成学校真正的特色,才能在县域特色发展谱系中占有一席之地。因此,学校的特色建设应遵循

品牌凝聚的思路,把特色项目变成学校特色,把学校特色沉淀为文化精神,再以学校的文化精神引领各项实践,并在坚守中把特色锻造成品牌,只有这样才能发挥特色的治校与育人功能。

(三)全域共生,在互生性综合发展中建设县域特色学校群

生态学认为,任何一个集群都具有共生功能,也只有实现了共生,才能构成真正的集群,实现集群中每一个体的互动发展。特色学校群是否以"群"的方式促进县域学校共生发展,是从学校个体特色走向学校特色群的重要标志。全域共生,是指凝聚县域内各学校的特色资源、建设经验、建设成果,既形成县域特色发展品牌,也提升县域教育改善社会环境、发展政治经济等能力,实现学校特色、县域特色、县域环境、社会建设等多方面的共荣共生。

全域共生主要包含四个方面:一是学校全域共生,即通过特色建设拉动学校整体发展,提高全体师生的成长质量;二是学校集群全域共生,即共享特色建设经验,既促进学校间共同发展,也不断做大特色学校群;三是县域品牌全域共生,全区共建共享特色教育品牌;四是县域教育特色品牌与县域社会经济、政治、管理等实现共生,在县域社会经济发展中考虑和支持特色学校群建设,以特色学校群建设改善县域风貌,提高县域知名度,实现特色教育与社会经济共荣共生。实现学校特色建设全域共生,可以运用"差异成链""品牌成网"及特色共享策略。

四、建设县域教育特色学校群的保障机制

建设县域教育特色学校群是一项较为复杂的系统工程,只有建立强有力的保障机制,才能避免特色学校建设的碎片化,实现学校特色建设的县域统整。

(一)建立学校特色培育机制,促进县域内学校多样化发展

没有每一所学校的特色培育,就没有县域内的特色学校群。因此,建设特色学校群的首要保障,是在确保县域内各所学校质量底线基础上,根据县域发展的品牌战略与不同学校的发展实际,面向县域内每所学校,建立特色学校培育机制,促进县域内学校多样化发展,这是建设特色学校群的基础性保障。

这一保障机制应包含五方面内容:一是县域教育特色品牌建设规划与实施机制,能根据县域教育现有基础、县域文化资源和社会经济发展需要,制定县域教育特色品牌发展战略规划,并形成配套的规划论证与实施制度;二是"差异定位"的县域指导与帮扶机制,即建立特色学校建设专项研究特色学校建设共同体、专家指导、过程督导等制度,指导和帮助学校发现本校的特色"原点",发掘

"原点"蕴含的育人价值与学校文化精神,以此形成本校的"差异定位"和特色建设的"生态位";三是"阶梯递升"的学校特色培育机制,明确"差异定位"后,要建立特色项目、学校特色、特色学校、特色品牌学校"递升"指导机制,细化评价标准与激励措施,形成分层定位、分层指导、分层评价、分层发展的阶梯递升制度,引导学校明确自己目前所处阶段和今后的发展目标,为学校的进一步发展搭建平台,帮助学校一步一个脚印地向品牌迈进,既不能采取"一刀切"的方式评价县域内所有学校的特色建设,也不能不顾学校实际,强令学校跨越发展,避免特色学校建设中的浮躁与浮夸;四是学校特色"生根与深化"的评价激励机制,建立学校特色"落地生根""深化拓展""综合带动"的评价激励制度,避免特色建设形式化、浅表化;五是学校特色的社会带动机制,建立学校特色的宣传与社会带动制度,既通过特色建设提升学校的社会影响力,也借助社会力量提高特色学校的建设品质。

特色学校培育机制的建立需要上下联动,既要有党委政府的整体部署、专家和教研部门的高端谋划与指导,也要有各学校的自主思考与能动发展空间。培育特色学校的关键是通过现代学校制度建设,激发学校办学自主性、积极性与创造性,唤醒每所学校特色育人的高度自觉。"现代学校制度的核心是处理好两种关系:一是处理好学校与外部的关系,即理清学校与行政、社会的关系,重在明确学校的教育权利;二是处理好学校内部的关系,比如每所学校都要制定章程,重在保障教师的专业自主权和形成学校内民主的风气。只有建立健全现代学校制度,校长、教师的权责得以明确,学校才可能成为教育改革最活跃的细胞,良好的教育文化精神才能逐步形成并得到呵护。"[①]特色学校的培育机制,要与现代学校制度的建立密切配合,才能在上下联动中培育出具有办学价值的学校特色。这样的上下联动,才能激发特色创建学校的内在发展力量,形成特色学校多样化发展的良好态势。

(二)建立县域特色联动机制,形成县域教育综合发展的良性生态

县域特色联动机制,是以县域特色发展的品牌战略为指引,调动各种资源,整合各种力量,形成特色发展校际共生、县域共享、品牌共建的运行方式、制度与实施策略的总和。特色学校群的建设,是推动县域教育综合改革的一种思路与方式,最终目的是促进县域教育综合发展,形成县域教育综合改革的良性生态。特色学校群的建设事关县域全局,不只是学校自己的事,也不只是教育行

---

① 转引自刘贵华,等.区域综合改革:中国教育改革的转型与突破[M].北京:中国教育科学出版社,2015:211.

政部门就能独立承担的事,需要社会各部门共同努力。县域党委政府要发挥总体协调功能,明确县域各部门和各级党委政府在建设特色学校群中的角色与职能,并将完成情况纳入部门绩效考核,只有这样,才能在联动中发挥特色学校群的综合改革功能。县域特色联动机制应包含校际联动、学校与县域整体战略联动、教育系统内外联动等。

一是校际特色联动机制。建立特色项目、优秀教师、学生特长、特色资源等的共建、联聘、共育、共享制度。

二是学校特色建设与县域品牌战略的联动机制。建立县域教育品牌与学校特色共生制度,在指导和评价学校特色建设工作时,既要尊重学校本身的发展历史与特点,也要体现县域品牌的战略意图。

三是教育系统内外联动机制。建立社区与学校、行业与学校的联动制度,形成特色学校建设的社会合力。县域内多样化的公共平台,在一定程度上满足了学校特色发展的需要,把学校的特色发展平台延伸到社区与社会,有利于形成县域互动的良性生态,促进特色学校群良性发展。

(三)创建县域特色内涵生长机制,提升特色学校群发展品质

深化教育领域综合改革,必然要在更新教育观念、理顺结构体系、创新培养模式、加强能力建设、推动内涵发展上下功夫。建设特色学校群的目的,不只是让学校更有特色,而是要以特色建设为手段,更新教师的教育观念,理顺学校的治理结构,帮助学校创新培养模式,促进学校内涵发展,提高学校育人质量与办学品质。要有效建设县域特色学校群,不能只是在特色活动、特色项目上下功夫,而应立足县域教育质量的整体提升,创建县域特色的内涵生长机制,提升特色学校群的发展品质。

县域特色的内涵生长机制,是促进县域教育特色进入课程、课堂、活动、项目等,形成特色教育文化的运行方式与制度。这一机制主要包含县域特色课程、课堂、活动(含德育)、项目、教师、资源、评价等方面的内涵生长,其中,课程、课堂、活动、项目是载体,教师、资源、评价是保障。

建设学校特色群是推进县域教育综合改革的一项重要举措,这一举措需要以县域特色发展为指引,以学校特色发展为基础,在促进学校特色内生前提下,积聚县域学校特色,在建设学校文化基础上沉淀县域教育文化,在综合改革中创建县域教育品牌。

第五章 美好教育评价导引

建设美好教育,推进教育特色化发展,必须整体推进教育综合改革,而教育评价改革在教育综合改革处于核心地位,我们必须认真对待、深刻把握。要通过深化教育评价改革,发挥评价的激励、诊断、选拔和改进功能,促进县域教育优质均衡发展和充分发展,努力满足人民群众对美好教育的需求。

作为评价领域,要建立基于生命质量发展的教育评价体系,主动引入发展性教育评价思想教育,让评价回归专业本位;要确立系统思维,构建多维互动的教育评价机制;要注重基于特色化发展的教育评估机制构建,加强基于校本教育特色化发展评估和基于个性化发展的学校办学效益评估;要找准美好教育评价改革关键,构建内生性增长式学校评价机制,推进县域美好教育评估新机制的实践构建,推动形成美好教育评价体系,共同促进县域教育特色化发展,为建设教育现代化强国贡献力量。

第一节 生命质量的教育评价体系构建

评价是教育的本身。教育评价的根本目的是激励人、发展人,最大限度地满足教育者和受教育者的成长需求,从而促进教育质量提升。我国《基础教育课程改革纲要(试行)》明确指出,要"改变课程评价过分强调甄别与选拔的功能,发挥评价促进学生发展、教师提高和改进教学实践的功能"。教育评价改革实践表明,只有坚持"促进人的发展"的评价思想,才能有效发挥形成性评价、奖惩性评价、选拔性评价、改进性评价的功能,彰显教育评价促进人的发展的本体性功能,实现学校教育评价目的。因此,教育评价改革,要以确立发展性教育评价思想为指导,遵循教育规律和人的成长规律,发挥好评价促进教育特色化发展的方向引领作用。

一、引入发展性教育评价思想

研究发现,生存论视域下的发展性教育评价,是学校教育评价改革的方向,能够很好地促进学校发展、教师发展、学生发展,确立发展性教育评价思想,对于丰富教育评价理论、指导学校教育评价改革、更大程度地为学生实现个性和谐发展,具有重要意义。正因如此,推进县域教育特色化发展,要坚持以教育发展性评价思想为指导,聚焦学生、教师和学校共同发展目标,深入推进教育评价改革。

(一)建立切合美好教育的发展性教育评价

适应美好教育发展的教育评价体系,应该是一种基于生存论基础的发展性教育评价,生存论视域中的发展性教育评价,把促进人的发展理解为促进具体个人的主动发展,促进个人与他人、与环境共同发展。对于生存论视域中发展性教育评价,其具体内涵包括以下内容。

(1)生存论视域中的发展性教育评价,在促进人的发展上,首先是促进具体个人的主动发展。发展性教育评价促进具体个人的主动发展,不仅关注个体成长的独特性,尊重个体的差异性,而且要把个体之间的差异当作教育评价的资源和财富去开发;不仅要关注个体发展的潜在性,善于发现人的发展可能性,而且要使这种潜在性、可能性转化为现实;不仅要关注个体知识、技能的掌握,更重要的是促进个体的自我超越意识和能力,提升人的生命质量和创造力,更好地促进人的发展。

发展性教育评价在促进具体个人主动发展时,应该比较自己与别人的不足,到发现自己的优势和长处;从判断自己的发展程度高低,到诊断自己的发展潜力;从激发个体发展的热情,增强个体发展的自信心,到促进个体的主动发展。

(2)生存论视域中的发展性教育评价,在促进具体个人的主动发展时,促进个人与他人、与环境共同发展。生存论视域中的评价方式,是一种地位平等、彼此信赖的"我—你"关系,是一种积极的、建设性的、富有智慧的对话关系,个人的发展离不开"他人"的发展,个人的发展又为"他人"的发展提供基础和条件,个人在与他人、与环境的交往中,体验自己、反思自己、提升自己、发展自己,在个人与他人、与环境的交往中,促进他人、环境共同成长。这种共同发展,意味着教育评价中多一份尊重、爱心和责任。

(3)生存论视域中的发展性教育评价,在促进人的发展时,注重以内部体验或参与的方法,来实现教育评价的目的,即从强调教育评价的客观性、外在强制性,到促进被评价者能够面对真实的自我,能够向"真"敞开,能够发挥自己的智慧,反思自己,做出自由的、负责任的选择,寻找到真实的自我发展空间,获得真实的自我实现。

(二)生存论视域下发展性教育评价的价值意义

在当代教育学理论研究中,关注具体个人,追求真实的生命成长,成为理论研究关注的焦点。法国教育学者保尔·郎格郎认为,教育的真正对象是全面的人,是处在各种环境中的人,是担负着各种责任的人,简言之,是具体的人。[①] 生存论认为,人的存在既不是"实体人"的存在,也不是"抽象人"的存在,而是"具体个人"的存在。生存论为重新理解人、人与世界的关系、人如何认识世界提供新的视域。用生存论视域理解发展性教育评价,适应学校教育改革和发展的需要,对学校教育评价改革具有重要的指导意义。

第一,有利于进一步明确学校教育评价改革的目的,处理好教育评价的教育性功能和管理性功能的关系。兼顾教育评价管理性功能,强化教育评价的教育性功能,彰显教育评价促进人的发展的本体性功能。

第二,有利于处理好教育评价的科学性、规范性与人性化之间的关系。在教育评价的科学性、规范性的同时,在科学性、规范性中融入对人的关心,对人的关怀,尽量减少评价给人带来的焦虑、压力、痛苦,增加评价给人带来的幸福、快乐、发展。

第三,有利于处理好个体评价和团队评价的关系。在重视个体评价的同时,强化团队评价,通过团队评价增强团队凝聚力,使团队成员之间多一份尊重、合作、信任,少一份猜忌、冷漠、虚伪,实现团队成员的共同发展。

第四,有利于处理好自我评价和外在评价的关系。重视自我评价和外在评价,实现自我评价和外在评价的良性互动。自我评价这一行为要素本身即构成了主体性教育的重要组成部分,自我评价能力的发展有利于实现教师、学生的主体性发展。外在评价虽然对自我评价造成一定压力,但外在评价能够激发人们组织自我评价,拓宽自我评价领域,促进自我评价的合法化,合理使用外在评价对促进人的发展具有积极意义。

第五,有利于处理好教育教学改革与教育教学评价改革之间的关系,实现教育教学改革和教育教学评价改革共同进步。教育教学评价引导和推进教育教学改革,教育教学改革成果又丰富了教育教学评价的内容,教育教学评价贯穿于教育教学始终,与教育教学融为一体、共同发展与进步,共同推动基础教育优质均衡和可持续发展。

基于生存论视域的发展性教育评价理论告诉我们,发展性教育评价,无论

---

① (美)保尔·郎格郎.终身教育引论[M].周南照,陈树清译.北京:中国对外翻译出版公司,1995:87.

对于区域、学校、教育,都要关注人、关注学生的成长,始终把立德树人放在教育的核心。教育评价改革要把促进生命质量提升作为教育特色化发展和教育优质均衡发展的根本尺度,促进学校、教师和学生的共同发展,促进区域和学校教育更加均衡、更加充分发展,更好地满足人民群众对美好教育的需求,不断办出人民满意的教育,为建设现代化教育强国贡献力量。

(三)发展性评价,让区域优质均衡教育理想变为现实

我们倡导特色学校建设,必须首先打破教育行政管理的同质化。从行政管理角度看,如果标准划一、要求划一,虽然比较好管,但容易带来学校同质化。要鼓励学校创特色、创品牌,必须改革管理方式,改革评价体系。以县为主,推出"一校一品",从行政角度要求学校不要"千校一面",让每所学校都办出特色来。

一是引导学校自主规划。建成什么特色,要让学校自己做主,不出台刻板划一的标准。如果出台一个特色学校的优秀标准,以此来评价全部学校,那就非弄成同质化不可。因为特色学校建设应该是由内而外的,校长先要有想法,然后才能去做。如果先有了标准,再按照标准去做,哪里还谈得上特色?对特色学校建设,教育行政部门应该是倡导而不是过度管理。

二是进行发展性评价。在特色学校建设中,必须采取发展性评价,而不是诊断性评价。对不同的学校进行诊断性评价,把学校分成一级二级或者重点非重点,按评价结果来看,这是水平评价。薄弱校与名校的起点不一样,薄弱校可能永远达不到名校的水平。发展性评价的概念是增量评价,自己与自己纵向比较,看自己进步的快慢和增量的大小,反映学校的办学业绩。"一校一品"就是增量评价,学校自己制定一个规划,教育局按这个规划来评价有没有完成。评价的标准,就是增量,就是学校办学业绩增长的多少。

优质均衡是区域教育发展的理想。前一个阶段,我们提倡教育均衡发展,更多从硬件着手,在硬件基本达标后,学校就面对如何实现学校间软件均衡的问题。要实现软件均衡,绝对不能用一把尺子来衡量学校。理想的软件均衡,应该是所有学校百花齐放、各有所长、各有特色,达到非同质化的动态均衡。

二、美好教育评价的价值取向

教育评价改革在教育改革与发展中所起的作用越来越大,特别是对办学活力、人才培养机制、人才竞争力等,评价指挥棒起着重要的导向作用。习近平总书记指出,要深化教育体制改革,健全立德树人落实机制,扭转不科学的教育评价导向,坚决克服唯分数、唯升学、唯文凭、唯论文、唯帽子的顽瘴痼疾,从根本

上解决教育评价指挥棒问题。美好教育评价,要以发展性教育评价理论为指导,坚持立德树人根本标准,确立科学的教育评价导向。

(一)美好教育评价坚持立德树人根本标准

美好教育评价的价值导向,要坚持立德树人根本标准。近年来,基础教育领域应试倾向过强、课业负担过重、升学压力过大等问题依旧难以解决,最直接、最重要的原因就是评价导向不科学。

教育评价首先是教育价值观的体现。基础教育长期存在的以升学率来评价学校好坏、用考试分数来评判学生优良的情况,这种以应试为导向的评价方式的弊端越来越显现。新的时代,基础教育需要体现德智体美劳全面发展的价值观引领。然而,进行科学的、体现全面发展的教育评价十分复杂,需要有一个循序渐进过程。

立德树人根本任务是教育评价的根本标准,要强化立德树人在教育评价体系改革中的统领性意义和价值,彻底扭转"唯分数""唯升学"的学校教育评价观,推行聚焦学生潜能优势、兴趣爱好的多元评价。要坚决纠正依据考试成绩和升学率来评价中小学教育质量的错误做法,坚决纠正直接依据升学率奖优罚劣的错误做法,坚决改变将升学率与项目、经费分配、评优树先等挂钩的潜规则。

"五唯"即"唯分数、唯升学、唯文凭、唯论文、唯帽子"的评价顽瘴痼疾。"五唯"的前两方面,突出反映在基础教育阶段。"五唯"已成"顽瘴痼疾",评价学生、学校一刀切,"唯分数"论英雄,将升学作为教育的终极目的,教育目标"唯升学"。在评价指挥棒问题方面,许多地方已经作了积极有效的探索,如浙江省将这一难题的研究概括为"四个过度"——过度关注考试分数、过度依赖纸笔测验、过度采用横向比较、过度聚焦尖子学生,从评价内容、评价工具、评价功能以及管理者心态等方面,对"五唯"作了概括。

克服"五唯"根本之路,在于落实习近平总书记的重要指示,深化教育体制改革,健全立德树人落实机制,扭转不科学的教育评价导向。教育本质上是培养人的事业,教育评价必须符合人的成长规律。从受教育者角度看,需要教授学生多方面知识,培养多种能力,养成优良品德,引导学生成长的评价标准不能狭隘。从教育者角度看,教师必须具备娴熟的专业知识、高超的思维能力、敬业的职业态度和高贵的师德,才能培养出优秀的人才,因此,评价教师的标准也不能狭隘。所以,克服"五唯"最重要的举措是围绕立德树人目标,构建多元教育评价体系,纠正"五唯"之狭隘。

什么是好的教育评价?要回答这个问题,首先要回答"什么是好的教育"

"想要办什么样的学校""如何立德树人"等问题。邓友超认为,学校最大的内涵就是立德树人。德育是立德树人的第一大支柱,在德、知与行之间应更强调以"行"作为逻辑起点,而德育评价本来就是一个世界性的难题,只能一步一步地来。立德树人的第二大支柱是核心素养、关键能力,仅靠静态的纸笔测验确实比较难以评价,需要更多采用情境式、过程式的评价方式。立德树人的第三大支柱是学生的全面发展,包括体、美、劳等方面,实施综合评价是一个发展趋势。

要改革教育评价体系,必须整体提升教育理念,只有教育行政部门、学校、教师甚至家长和学生树立起正确的教育价值观、成才观,以人为本,立德树人,学校才会更加关注学生的学习品质,促进学生德智体美劳全面发展。

同时,还要建立"多元、综合、层级"评价体系。一是多元评价体系,涵盖德育评价、课程评价、教学评价、教研评价与培养评价等综合评价体系。二是综合评价主体,既有学生、教师、家长的评价,又要有教育教学专家、政府主管部门和社会各界等从不同视角对教育的评价。三是层级评价标准,评价目的是促进发展,不同学校处于不同发展阶段,评价标准也应该不一样,比如新建学校与传统名校、乡村学校与城区学校、普通学校与示范学校等,应该提供不同层级的标准,促进每所学校实现不同程度的优质发展,为不同需求的学生提供均衡而充分发展的适合教育。

北京师范大学中国教育政策研究院张志勇教授指出,改革学校评价指挥棒,把立德树人作为学校教育的根本任务,为深化新时代"好学校"的考核评价工作指明方向。一是把坚持社会主义办学方向作为学校教育的第一标准。学校教育必须坚持正确的政治方向,必须全面贯彻党的教育方针,必须培养社会主义建设者和接班人。二是把立德树人、促进学生健康成长的成效,作为检验学校一切工作的根本标准。必须全面落实德智体美劳全面发展的教育方针,必须保障每个学生平等接受教育的权利,促进每个学生全面而有个性地发展。三是把依法办学作为评价学校教育的约束标准。中小学必须遵守国家宪法和法律法规,坚决纠正各种违法、违规办学行为。四是把尊重规律、依靠教育科学作为评价学校的内在标准,坚决纠正一味追求考试和升学成绩而牺牲师生身心健康的错误做法。五是在学校评价方式上要引入社会评价,积极实施教育增值评价,支持、鼓励和引导中小学将治校办学重点放在立德树人上来。

(二)美好教育评价的价值观

在一些教育评价指标中,往往比较重视教育结果与教育条件的评价,对教育过程重视不够。教育现代化的评价,要端正教育质量观,综合施策,建立发展性综合评价制度,构建旨在改进的教育评价工作体系,确立科学的教育质量观,关注学生的全面发展,关注学生的学习品质,关注质量形成的过程与成本,关注学生的成长环境,整体推进教育特色化发展。唯有体现这"四个关注"的评价,才能引导旨在立德树人的教育实践。

在整个教育评价改革中,考试招生制度改革是其"牛鼻子",要站在破除"五唯"层面上,抓住这个"牛鼻子",进一步发挥其正向引导作用,促进学生全面发展。要牢固树立以促进学生全面发展为根本宗旨的评价价值观,保障每个学生对美好教育的需求得到满足和最大限度地实现。

第一,要确立学生全面素质的考录方向。中国教科院教育理论研究所所长邓友超认为,考试招生制度改革的理念、方向、综合评、多元录是改革的趋势。目前的情况是,高校录取时,综合素质评价情况仅作为参考,并没有发挥应有的作用。随着高考改革的深入,从综合评价到多元录取,将统考成绩、学科特长、中学学业表现、综合素质评价和面试考察进行融合统一,可以实现考生与高校、专业更好地双向匹配,推动招生学校从"选分"过渡到"选人",从"唯分数论"转变为"综合素质论"。要实现这个转变,还需要很长时间,需要有效建立诚信体系,教育及有关部门要统筹谋划,完善诚信体系建设。与此同时,要建立健全完备的社会诚信机制和监督问责机制,明确规定将综合素质评价纳入高考评价体系的使用办法以及违规行为的罚则。

要充分发挥评价指挥棒的积极促进和引领作用,必须努力完善学生综合素质评价制度,加强对学生的体育、艺术、劳动实践教育和研究性学习成果的考核。积极推进国家统一高考、高中学业水平等级考试、学校考核与综合素质评价成果考核相结合的招生模式,引领学校教育回归育人本位。要让考试命题加快从"知识立意"向"能力立意"转变,引导核心素养落地,引导学校将注意力转移到培养学生全面素质上来,逐渐将培养目标转向对高阶、通用能力的培养上。

第二,要建立基于立德树人的学生评价根本标准。美好教育要求健全立德树人落实机制,要让对学生德智体美劳全面、综合的评价真正落地并发挥作用。"五唯"评价的核心是"单一评价",要破除"五唯",就是要破除对唯一、单一评价的崇拜,立起综合评价标准,重构新的评价体系。

对综合评价标准的确立,要强调对高阶、通用能力的重视,关注人的认知能力、合作能力、创新能力、职业能力等关键能力的培养,促进人的全面发展,适应未来社会发展,适应全球化发展趋势。除了分数、知识、能力标准外,还应包括德、美、体、劳系统评价标准,共同构成德智体美劳全面发展培养体系,最终培养全面发展的社会主义建设者和接班人。

德智体美劳全面发展是评价学生的根本标准,要让基于德智体美劳全面发展的综合评价落地,要用学分来评价高中学生的课业修习情况。东北师范大学附属中学校长邵志豪介绍学校评价改革做法时说,学校总体设计德智体美劳并举的课程体系,规划德智体美劳全面发展的系统学分,让学分结构引导学生综合评价的维度和权重。学分评定既包括模块结业考试成绩,还包括模块学习过程的作业、课堂表现、学科互动和活动表现等维度,这些维度加起来就是一个评价整体,只有整体评价合格才能获得学分。通过综合素质评价载体,把德智体美劳全面发展的基本要求逐步落实,立德树人的落实机制就会逐渐形成。

第三,要把立德树人的理想学校和优质教育评出来。教育评价改革是教育综合改革牵一发而动全身的改革,对学生的全面、综合评价是"牵一发而动全身"的"一发",而教育评价体系改革的"全身",则是对行政部门和学校的评价与监督。要对不同的教育评价对象建立不同的评价方式、评价标准。要从四个方面综合评价学校:一是学校执行党的教育方针、课程方案的坚定性;二是学生发展程度的增值评价;三是基于学生发展或感受的综合评价,比如把视力、体能等作为基础指标,还要看学生的信任度、喜欢程度;四是把学习负担作为重要的评价指标。教育督学、督政要督什么?关键要真正把立德树人的落实作为督导的核心问题,对基础教育领域来说,价值观、人生观的培养和评价对下一代的影响更大。

要把培养学生德智体美劳全面发展作为衡量教育质量的根本标准,从单一的学业质量评价走向教育质量综合评价。综合评价既要看学生的学业水平,也要看学生的品德修养和身心健康状况,既要看全面发展,也要看个性特长发展;既要看学习的结果,也要看学习的过程和效率。真正意义高质量的教育是在落实立德树人根本任务过程中实现的,而不是通过非正常手段和家中学业负担换取的。随着教育质量综合评价改革不断深化,应当积极探索根据综合评价结果建立考核问责机制,将综合评价改革与区域教育质量综合督导评估结合起来,对在办学中存在困难的学校给予帮助和扶持,对办学行为存在明显偏差的学校要进行问责。要努力探索建立有利于教师潜心育人、有利于学生全面发展、有利于学校静心办学的科学评价办法,如制定县域义务教育质量、学校特色化发展与质量和学生发展质量标准等。

三、美好教育评价回归专业本位

从总体上看,我国以县为主的义务教育已由基本均衡发展阶段推进到优质均衡发展阶段,正在向美好教育发展方向迈进。要实现真正的优质均衡,必须紧紧围绕立德树人根本任务的落实和社会主义核心价值观的培育这个核心，美好教育评价应坚持以校为本，督导评估要重心下移，强调学生立场，引导区域和学校教育特色化、内涵式发展。

（一）美好教育评价要重心下移

在全国县域义务教育优质均衡发展督导评估认定启动现场会上，教育部长陈宝生要求各地要勇于担当、狠抓落实。一是抓政府责任，加强省级统筹，将推进县域义务教育优质均衡发展纳入党委政府重要议事日程。二是抓科学规划，主动对标，形成统筹规划、典型引路、严格标准、实事求是的路线图和时间表。三是抓改革创新，深化义务教育综合改革，逐步破解制约优质均衡发展的体制机制障碍。四是抓督导评估，进一步深化教育督导体制机制改革，通过督导评估推动解决义务教育优质均衡发展面临的实际问题。具体来说，就是要健全国家教育质量监测和督导评估机制，引导区域、学校注重内涵发展，发挥国家教育质量监测和督导评估的保障作用，推进县域教育内涵式综合改革。

教育质量监测要重在引导各地和社会树立新的教育质量观。第一，监测的内容应包括学业水平，同时要包含学习能力、情感、兴趣等，尤其要有体质健康的项目。为全面推进素质教育，可以学业水平、学业负担、体质健康等三项内容为主。第二，监测结果要及时向社会公布。借鉴公布各省学生体质健康数据的做法，择机在全国性媒体上公布各省（自治区、直辖市）学生学业水平、学业负担、体质健康状况。

督导评估要实现重心下移和由"硬"到"软"的转变：从督导评估省级为主到督导评估县级为主，促进县域教育改革发展；从关注硬件资源为主到关注软件资源、内涵发展为主（比如可以把学校是否制定、实施中长期发展规划，是否忠实实施国家课程方案作为督导重点），尤其要把"人"（教师发展）放到督导指标的核心位置，比如可重点关注一个地区教育经费占当地 GDP 的比例，教师工资收入及培训、教科研经费占教育经费的比例是多少——内涵发展、质量提高关键在人、在教师。

（二）美好教育评价要坚持学生发展为本

要扭转中小学教育管理工作不科学的教育评价导向，必须充分激发学校与教师评价智慧，推动学校、教师和教育行政部门分别从自己的立场进行专业化评价，引导推进教育现代化。

上海市教委副主任倪闽景认为，评价有两种情况：一种情况是按照功能来分的，包括终极性评价和过程性评价。前者比如高考、中考，通过评价完成升学选拔等要求，后者比如平时测试考查、期中期末考试等，通过评价诊断学生学习情况，改进和促进学生的全面发展质量。另一种情况是按照对象来分的，比如团体评价和个体评价。团体评价就是对学校、对区域或者国家的评价，个体评价就是对学习者个体的评价。从这个角度讲，教育评价改革，既有教育行政部门的责任，也有学校和教师的责任，每个层面都有可以改进的工作和要求，甚至家长也应该对教育评价有所理解和改进。教育行政部门对学校的评价应更加全面，特别是要看到学校关键指标的增值。学校对教师和学生的评价，应该充分体现全面加个性的要求。

对于学校层面的教育评价，它是具体的、活生生的教育实践。要贯彻落实政策，就要激发学校与教师的评价智慧。浙江省教育厅巡视员韩平认为，学生评价必须强调"学生立场"，推进评价改革必须坚持"以校为本"。目前，浙江教育评价改革的校本化实践主要体现在五方面：一是学业评价内容与方法的改革，包括学业评价体系、小学非纸笔测评、考试命题研究等；二是构建促进学生成长的综合评价体系，包括综合素质评价的常态开展与运用；三是学校教学质量管理的改进，包括学校考试制度设计、教师评价以及作为过程性评价的作业改革；四是基于评价实证改进教育教学的工作机制；五是提高教师评价素养的校本研修。

对教师来讲，关键是要"心中有学生"，即重视儿童成长的综合性、坚持评价运用的发展性、尊重学生发展的个体性，当然还要强调教育评价的专业性。由教师组织的关于学生的评价，首先不是考试，而是融于教育教学过程中，作为一种教育方法的评价，这是极富智慧的环节，也是当前实践较为忽略的部分；其次是阶段性考试测评，包括纸笔测验与非纸笔测验，评价工具的科学性很重要，其背后还有评价标准、频次以及结果运用的取向等要点，其关键在于教学评价的一致性；第三是与学业评价相平行且又互相渗透的综合素质评价，它是促进学生多元发展的重要方式，是促进学生自我教育的有效手段，也是促进学习过程参与的教育方法，还是招生录取的参考依据。这里切忌强调"管理立场"而忽略学生发展为本，唯学业为重而忽略全面和综合发展，聚焦结果横向比较而忽略形成性评价与终结性评价的区别。

在推动学校开展评价改革中，教育行政部门"可为"的是以制度明确正确方向并给予技术方法指导，"不可为"的是简单推广统一、唯学业的横向比较。特别是要对"学业成绩政绩化"问题有深刻反思，"聚焦尖子生升学率的横向比较"这一粗暴做法，已是纵容或逼迫学校违背教育规律，恶意争抢生源的重要原因，它所导致的学校间"竞争有余、合作不够"的局面，对教育事业发展的消极影响极其巨大。

要有效推进基础教育特色化建设,就要动员包括政府、学校和家庭等各个方面的力量,转变观念,着手从将考试科目分为学科基础和学科专项两大类入手,推进高考改革。

新时代推进教育现代化,在县域教育发展评价导向上,要强调"生态意识"与"结构思维",不能只盯着显性指标去片面追求,而是要着力于长远的可持续发展,关注系统中各要素的合理结构,不能采用单一向度的加强或提高措施,而是要按照"协调""绿色"发展理念,从教育生态视角把握发展的方略。

(三)建立校本发展的特色学校评价标准

特色学校评价,从本质上说是一种学校特色发展的价值判断,是特色学校特色的独特载体,其价值关联程度是一所学校是否是特色学校的主要载体。特色学校是在办学主体持续追求下,经过较长时间的教育实践活动,逐渐形成具有较高办学水平和显著育人效果,且呈现整体风格独特的学校。特色学校评价要针对其特征,在观念认识和评价实践上找到结合点。

县域教育特色化发展评价,要建立以学校发展为本的特色学校评价标准价值观,促进学校教育特色化发展。以学校发展为本的实质,是"最大限度地促进学校个性化、人本化和特色化建设"。其基本内涵是立足于学校,强化学校的共同参与和发展,提高学校的教育质量。对于特色学校评价的价值观,要鼓励和支持学校和教师参与发展,坚持"三个主张",即在一定区域的特色学校建设中,主张所有学校的共同参与,不主张典型先行;主张学校的主动参与,不主张教育主管部门的"钦定"行为;主张通过评价互动促进学校内涵发展,不主张把特色建设活动作为一种独立事件。在特色学校评价中,要注重以培植学校自主发展能力、尊重学校主动发展愿景、促进学校建立校本发展办学价值观等为主要任务。

1. 培植学校的自主发展能力

在特色学校建设进程中,教育行政部门的推进要坚持"以校为本"。然而,在一些区县教育行政权力高度集中的管理体制下,职能"缺位""越位"现象十分突出,学校办出特色受到一定程度的制约。

有百花齐放的想法,才有百花齐放的做法。学校是特色发展的决策主体。创办特色学校走的是一条内涵式发展道路,依靠学校实行自主改革,挖掘本校潜在优势,合理而又充分地利用学校现有资源并最终形成特色学校。因此,在建立特色学校评价标准时,要强调学校发展的区域比较优势、学校发展的历史比较优势、办学理念的历史演变和未来预期、办学理念在教师中的认可和接纳程度等。这些要素需要学校决策团队和教师参与才能实现。其中,校长作为学校的核心和灵魂,一个重要的职责就是提出并阐释学校的核心价值。

创建特色是学校发展的活动载体。基础教育发展特色学校的终极目的,是为了更好地育人,"为学生一生的幸福和发展奠定基础",促进学生、教师和学校共同发展。因此,学校在创建特色时,既要关注学生继续学习所需要的知识技能的获得,更要关注中小学生终生学习所需要的情感态度和价值观。不论是书法特色还是艺体特色的学校,如果只教给学生写一手好字或掌握某种艺体技能,而没有促进学生精神的成长,就是不完整的教育。在实践层面,知识技能与精神成长都是应该鼓励的,只是在学校特色建设活动中的价值程度不同而已。这也是我们在操作层面上建立"特色项目学校"和"特色学校"层级评价标准的原因。

2. 尊重学校的主动发展愿景

评价过程是学校领导和教师自我教育、自我提高、自我完善的过程,这是学校"办出各自的特色"不可或缺的一个重要环节。评价需要学校参与的主体意识和主动性,满足学校对未来发展的价值诉求。评价标准则只能从学校特色活动的持续性特征来表述,激励和引导学校的发展过程。学校特色评价还要兼顾学校特色发展不同阶段(经验管理、科学管理和文化管理)的特点来构建评价标准。

(1)创建特色学校表现为一种发展过程。它是以党的教育方针为指导、以素质教育贯穿始终,为学生提供更多优质教育资源和更多发展可能的过程。特色学校评价需要体现这种发展战略、价值观的演进过程。一所薄弱学校的发展,从薄弱到合格,从合格到有特色,再走向优质的过程,是一个极其艰辛的发展过程。

作为现实的评价,校长要以学校的办学理念为中轴、以实践理念的事实为扩展,用报告、展示和答辩方式来阐释办学理念的历史演进过程。这样就会避免因评价过于"松散"和"宽泛"而导致评价缺陷。

(2)学校的发展性得到充分体现。学校教育理念的发展,表现出历史的继承、发掘和优化。特色学校的评价要关照学校教育发展的历史和过程。在评价上,对于具有相当办学历史的学校,要求其对一脉相承的办学理念的发展历史给予展示;对于发展历史不长的学校,要着眼于学习过程中是否具有自己的思考与借鉴。要促进学校对自身存在方式有教育的理性反思,体现学校发展的过去、现在和未来特征。

评价标准必须表现出层级特征,可以通过基础评价和特色评价来区分;不同学校的评价,通过区域内学校间特色所体现的价值大小、影响程度的比较来认定。

借助特色学校建设平台,各学校可以促进自身由经验管理向科学管理、再向文化管理发展;正确地自我评价学校发展的阶段,通过"合格—特色—优质三阶段发展战略",推动学校向优质学校发展。对应的学校管理,则应表现为"规范管理—个性发展—文化认同"价值观念的转变。

3. 促进学校建立校本发展的办学价值观。

评价标准的设计,要体现出这一学校能够区别于其他学校而又基于本校教育发展规律的办学理念。办学理念需要通过学校观念文化来认同并内化,通过制度文化和物质文化来确认。美国教育家伯尔凯和史密斯指出,一个办得成功的学校应以它的文化著称,这个文化要有一个价值和规范的结构、过程和气氛,将使教师和学生纳入导致成功的教育途径。

第二节 美好教育评价的多维构建

多年来,学校大多形成了一套以分数、升学、文凭、论文、帽子为主要标识的评价体系,此所谓"五维",对教育发展、人才选拔与成长曾经起到了积极作用。但由于种种原因,"五维"演变成"五唯",成为评价学校、人才及其贡献的唯一标准,进而成为资源分配的唯一标准,严重压抑人的个性和创新能力。

我们不能因"五唯"而一概否定"五维"。一是要在承认和继承"五维"评价标准合理性前提下,遵循教育教学根本属性与人才发展内在规律,增加新的评价标准,更新评价内涵。二是要弱化"五维"评价标准的使用,任何评价都有其局限性,不宜作为人才选拔和资源配置的唯一根据。三是要为学校和师生创造宽松自由自主的空间,使其从狭隘的分数、升学、文凭、论文、帽子评价中解放出来,全身心投入工作、学习和创造。因此,推进县域教育特色化发展,要深化教育评价体系改革,正确处理好教育评价"五唯"与"五维"的破与立,把教育评价改革作为"最硬的一仗"来推进,分类推出评价改革相关举措,形成相对完整的教育评价改革制度框架。

一、美好教育评价要确立系统思维

从系统的视角看,县域教育管理中存在三种"质量":一是"结果型质量",它反映学生个体的学习进步情况，应由学生负责；二是"过程型质量"，它反映学校整体的课程实施水平，包括教学活动的规范性和有效性，应由学校和教师负责；三是综合体现区域教育质量的"结构型质量"，它反映区域内学校、教师和各种资源配置的科学性与合理性，是区域教育质量的核心体现，应由地方政府负责。

反思当前的教育评价，问题的核心在于片面追求"结果型质量"，而忽视"过程型质量""结构型质量"对教育发展的根本支持与长远影响，评价的鉴定性和监督性作用，忽视了评价的激励性和诊断性功能。而以往的教育评价，则过于重视评价的选拔功能而忽视了激励功能，过于重视评价的诊断功能而忽视了改进功能，导致改进的功能并没有得到应有的重视。

（一）对教育评价多重误区的反思

随着各项综合改革不断深入，我国教育改革进入"深水区"。基础教育综合改革要走出"深水区"，必须将考试和评价制度改革作为教育改革的重要内容和突破口，真正发挥评价指挥棒的正向引导作用。然而，在当前教育改革过程中，一些地区和学校在教育评价改革中存在一些误区，甚至出现某些改革与原来改革的初衷背道而驰现象，教育评价作用、评价功能没有得到有效彰显。

对传统教育评价进行反思，充分认识这些误区及其根源，对于扭转不科学的评价，重建新型评价功能观，促进学生、教师和学校美好发展，具有重要的根本性意义。教育评价多重误区表现如下。

第一个误区：在"评什么"与"怎么评"问题上存在认识偏差。评价方法单一，表现为仅通过学业水平考试的方法评价学生、评价教育。评价指标单一与评价方法单一，以学业成绩和升学率评价教育质量的倾向未得到根本扭转。

第二个误区：在"谁评价"与"为什么评价"问题上存在偏差。评价主体单一、缺乏自评和利益相关者的评价，身份混淆，"管""评"不分。一般使用高利害、终结性评价，过于强调评价的鉴定性和监督性作用，忽视了评价的激励性和诊断性功能。评价主体单一，主要表现为对某一群体和个体的评价，只有自上而下的评价，对学生的评价常常是教师说了算，对教师的评价则是学校或教育行政部门决定，缺乏自评或由其他利益相关者对其进行的评价。

教育评价对学校、教师和学生的发展都至关重要，对学校、教师和学生的教育评价必须真实反映被评价者的现状，为后续改进和发展提供依据。由于不同学生、不同班级、不同学校以及不同地区的起点不一样，终结性评价结果好坏并不能真实反映教育的真正成效。这种忽视起点差异、仅关注结果好坏的评价模式极其不公平，不能有效发挥评价对教育的激励功效。

第三个误区：评价体系"零散化"，缺乏系统性设计，学生评价、教师和学校评价各自分离、自成体系，没有考虑到影响学生发展的综合因素。无论是学校评价、教师评价，还是学生评价，都应围绕学生发展建立评价体系，但当前的教育评价体系与之相悖，学生发展并没有成为教育评价的核心。现实情况是，教育非常强调校长和教师的专业成长，但较少考虑校长和教师的发展与学生发展的联系，学生、教师和学校的评价彼此分离，各成体系。目前，对教师的考核主要考查科研论文、教学成绩，而不是教师对学生的成长帮扶以及在教师帮助下学生的改变和发展；课堂教学中最看重教师的谈吐言行、教学设计和教学过程，而不是学生的互动、参与和思维的激发；特别是跟学生关系最大的师德师风、师生关系等方面的评价，却成了可有可无的内容。

第四个误区：评价结果比较模糊，对结果的利用率不高，无法发挥评价对教育的改进功效。充分利用评价结果进行有针对性的改进，应该成为教育评价的主旋律和最终目的。但是，现行教育评价强调结果忽视过程，结果的模糊性不利于改进，对评价的改进功能重视不够。以往的教育评价，过于重视评价的选拔功能而忽视了激励功能，过于重视评价的诊断功能而忽视了改进功能，导致改进的功能并没有得到应有重视。因此，教育评价改进的实施，要基于评价诊断的结果，依靠科学数据支持，而不能凭借少数管理者、教师的经验。

（二）美好教育评价的综合思路

要想破解当前教育评价难题，可以在区县开展"实施发展性评价，促进中小学教育质量提升"及"基于评价结果的教育改进"研究实验，通过"综合评价—综合诊断—综合改进"模式，对区县教育、教师和学生发展进行全面体检，判断并改进区县、学校教育质量整体状况，逐步破解这一难题。

建议1：系统化设计评价体系，运用可行的科学手段，综合、系统收集信息资料，多层面、多主体、多方法开展综合评价。

综合评价（comprehensive assessment），是根据一定教育目标，运用可行的科学手段，综合、系统收集信息资料的过程。

具体来说，在教育评价中，应合理设计评价指标体系——既包含学生的学业状况，也包含学生的品德发展、能力发展、心理健康、兴趣爱好等方面；不仅关注学生自身发展特征，还关注家庭、班级、学校等成长环境状况，收集不同层面与学生发展相关重要因素的信息。多样化的评价指标，需要多元化的评价方法，只有采用多种评价手段，才能全面了解学生发展现状。除考试外，还可采用心理测验、问卷调查等方法，除了纸笔测验，还可以通过观察、访谈、学生展示、成长记录袋等评价方法了解学生发展现状。

此外,要以学生发展为中心,系统化设计评价体系,将影响学生发展的重要因素列入评价体系中。要改变评价中学生、教师和学校各自分离,自成体系的现状,在评价体系设计时应综合考虑,将学生、教师、学校都包含其中,作为整个评价体系中独立但又相互联系的部分。在设计评价主体时,采用多主体评价方式,不仅自评,还通过家长、教师、校长等不同评价主体及多种评价视角收集材料。

由于不同评价主体的教育价值观和思维方式不同,对同一问题的评价存在非常大的差异。例如,在某次教师评价中,90%以上的教师自评认为自己爱学生,但只有44%的学生认为教师是爱自己的,有一半以上的学生并没有感受到教师对自己的爱。当教师拿到这样的评价结果时,触动非常大,原来自己想当然的爱并不能被学生接受。这些教师开始反思自己的教育教学行为,慢慢尝试学会倾听学生的声音。因此,从不同评价主体获取评价信息,对于保证评价的公平性、促进评价结果的科学性非常有必要。

在评价方案中,将学生各方面的全面发展作为核心指标,也将家庭环境和学校环境作为重要的影响因素考察在内;同时,对学生、教师、学校和家庭环境的评价,不仅有自评,更采用多元主体评价,从不同角度开始综合评价,获取更全面、更有针对性的评价信息。

在评价主体上,要设置独立机构或委托专业机构进行教育评价,实现"管""评"分离,让被评价者获得自身相关的数据,通过自我反思,促进教育改进。要改变评价主体既当裁判员又当运动员的现状,要将教育评价从教育管理部分分离出来,独立发挥其作用。

可有两种组织形式:其一,由独立于教育行政部门的组织机构负责。现实情况是一些地区已经开展了这样的尝试,也取得了不错的效果,如浙江省杭州市上城区就专门成立了独立的"评价中心",负责开展学校、教师和学生的评价。其二,委托专业机构开展第三方评价,因为第三方往往不是利益相关者,一旦和被评价方建立起相互信任的关系,也就能获得客观真实的数据。同时,第三方评价有利于整合各方的专业技术力量,保证评价的科学性。近年来,笔者及其研究团队的工作也证明了这一点。

建议2:通过综合诊断,深入发掘数据背后的信息,为工作改进找到强有力的事实与数据支撑。

综合诊断(comprehensive diagnosis)是指根据多角度信息,对教育活动、教育过程和教育结果进行价值判断及原因分析。我们采用现状描述、成长刻画、差异分析、原因关联方式进行综合诊断。通过学生发展的现状描述,可以对教育质量的整体状况做出判断;通过刻画不同群体、不同个体的成长轨迹,从纵向的角度了解学生的成长过程与发展特点;通过城乡之间、不同学校、不同群体、不同评价主体的比较,了解不同类型和不同群体学生的发展差异;通过深入发掘数据背后的信息,综合考虑各方面影响,寻找学生发展在某方面不足背后的原因,并对采取的措施可能取得的效果做出判断,从而为改进措施的制定提供方向和依据。

在教育评价改革过程中,不能简单地"头疼医头,脚疼医脚",应对其进行全面、深入诊断,找到真正的"病灶"所在。通过综合诊断,深入发掘数据背后的信息,可以为工作改进找到强有力的事实与数据支撑。

例如,通过对某地区的大量数据进行分析发现,对小学而言,亲子关系每改善10个百分点,学生的学校归属感上升8.6%,品德行为上升7.14%,学生学习成绩上升4.01%,高级认知能力上升3.36%,而网络成瘾则会下降7.38%。对中学生的数据分析也得到了类似数据,这就提供了非常丰富、明确的诊断信息。学校要想在学生的学业成绩、品德行为、网络成瘾等方面做出改进,就要在引导家庭改善亲子关系方面做出努力。

建议3:充分解读和利用评价结果,提出综合改进方案,促进教育反思改进。

综合改进(comprehensive improvement)指的是针对诊断中发现的问题,采取综合有效措施、提高教育质量的过程。

综合改进可以通过分层反馈、系统设计、区域推动、多方协同方式进行。

分层反馈。即通过对区域教育管理部门、学校、教师进行分层反馈,如教师个体报告、班级报告、学校报告、区域报告等,使报告具有更强的针对性,并引导各类人员结合报告进行反思讨论。

系统设计。根据综合诊断结果,联合多方力量,系统设计有针对性的综合改进方案。例如:为促进学生心理健康,教师应基于学生心理健康水平制定教育教学改进措施;学校管理者应基于现状进行学校管理改进,营造良好氛围;区域教育管理者应构建区域心理健康教育体系及家长、教师培训方案。

多方协同,区域推进。整合资源,建立跨部门、跨层级的协同合作,使相关部门既各司其职、又相互协作,共同促进学生发展。例如:由区教育局各部门相互协作,建立综合办公室,由综合办公室统一对各学校进行管理,努力做到行政部门依法管理,基层学校自主办学,职能部门助力引导,评价部门诊断指导。

最后,还需要通过"前测—后测"结果对比,检验改进效果,为后续工作提供努力方向。

"综合评价—综合诊断—综合改进"是在多年研究基础上,概括而成的提升区县基础教育质量的"3C模式"。2014年5月,中国基础教育质量监测协同创新中心作为创新成果,发布了这一模式。我们力求通过3C模式对区域教育、学生发展做出"全面体检",并且"把诊问脉",对区县教育质量整体状况做出判断,"对症施治"学生发展不足的背后原因,通过区县顶层设计,共同促进学生发展。

二、构建"以学论教"的三维互动评估模式

"以学论教"的区域教育三维互动评价机制,在探索区域学校学生三主体互动评价、推动办好人民满意教育中发挥着重要作用。确立区域教育评价的综合思维,以教育评价改革破解难题,能很好促进区域、学校、学生的整体发展与和谐发展。

(一)区域层面:探索"综合评估"创新,促进教育优质均衡发展

评价是教育发展的"晴雨表""风向标",对学校办学、师资建设、学生成长,起着"牵一发而动全身"的重要作用。县区教育部门要对照总书记讲话要求,深化教育体制改革,健全立德树人落实机制,扭转不科学的教育评价导向,坚决克服"五唯"痼疾,从根本上解决教育评价指挥棒问题。

(1)作为县域教育主管部门,如何定位区域教育发展、建立科学的区域评价体系,要抓住教育评价这个"牛鼻子",积极推进教育改革,充分发挥评价的引导、诊断、改进、激励等功能,以正确的评价导向、完善的评价机制、有力的评价保障,撬动区域教育高质量发展。每个县区都存在着资源环境差异,区域之间的不平衡不充分问题,同步影响着教育的优质均衡发展。县区要以教育现代化创建为主抓手,深化教育综合督导创新,剖析区域差异,精准补短提升。

一是精准开展县域教育发展水平监测。对照省教育现代化评估标准,强化信息化手段运用,对基本情况、普及水平、办学条件、师资队伍、教育投入、发展成果等6个方面58项指标进行精准分析,编制年度教育发展水平督导公报,加大线上线下宣传力度,形成县域之间联创共建、比学赶超的良好氛围。

二是构建责任督学全覆盖网络。健全教育督学管理体制,构建县、校两级督学网络,形成"诊断型""推介型""调研型""整改型"督学模式,对教育发展、学校办学等过程中出现的问题,及时把脉诊断。要建立督学责任区,聘请责任区督学,实现督学责任区和挂牌督导的"全面覆盖"。

三是探索教育评估多元化。随着教育"放管服"改革深入推进,教育评估的第三方介入和协同发展,已经成为教育治理现代化的重要方向。要坚持多管齐下、分类施策,从行政、高校、民间三条渠道中培育第三方教育评价机构,先后成

立教育评估院、基础教育评估中心等多家机构,通过分析各类质量监测结果,形成各类第三方教育监测报告,为政府科学决策和精准教育教学提供依据。

(2)要针对传统教育评价中暴露出的一系列问题,不断探索区域学校自主发展督导评价机制,力求解决评价导向性不够明确、评价过程不够完善、评价指标过于单一、评价主体不够合理等束缚学校个性化、特色化发展的问题,助推区域教育整体优质均衡发展。

一是建立综合性评估机制,按照"抓大放小、化繁就简、抓住关键、突出重点、让出空间"的原则,不断减少传统的鉴定性评估项目,积极建立综合性督导评估机制。根据区域教育发展态势及需要,开展区域教育质量综合评价和学校发展增值性评价,以学校纵向对比为主、横向对比为辅,着重评估学校的动态发展效果,帮助各类学校找准增值性发展要素,发现制约发展的关键性因素,为学校提出建设性的发展建议。

二是建立健全多元测评制度,成立区域教育评估监测中心,开展区域教育现代化综合评估;密切与各级教育学会合作,开展教育质量综合评估监测,从学生学习潜能、学业发展质量、学校办学水平等方面,探索更加专业化、客观性的评估;购买第三方机构服务,对教育现状进行深入调研分析,提出科学化的建议。

三是建构"规范保底＋个性自主"评价指标体系,以保证目标警示学校严守底线,通过一票否决和问责制,把规范办学落到实处;以基本目标强化学校内部管理,夯实教育教学基础;以自主目标引导学校个性发展,尽可能避免区域学校盲目发展、跟风发展、封闭发展、被动发展等现象。

(二)学校层面:关注"差异增量"发展,着力打造家门口的好学校

教育质量评价的主要平台在学校,如何在缩小校际差异的同时,保障办学的特色化,是当下各地推进学校评价的难点。

有效的督导评价应该具有两个特点:一是学校愿意接受评价;二是学校能从评价过程中有所收获。基于此,要开展以下尝试。

一是建立学校发展性评价机制。努力建立以校为本的自我评价、自我反馈、自我完善、自我促进的学校发展性评价机制,在评价目标选定、过程监控和考核评估上,赋予学校更大自主权,重在实施"三自"策略。

目标自定。县区教育局将教育综合改革试点、区域教育发展规划等目标任务分解形成项目清单,由学校根据发展需要,自主确定发展项目,拟定三年发展规划,设计年度目标,形成实施方案。

过程自控。从目标预设到论证答辩，从确定目标到实地指导，从运行实施到督导评估，教育局及指导专家始终在尊重学校发展意愿前提下给予个性化指导。

效果自评。采用"学校自评—督学复评—回访跟进"模式。"自评"重在找差距看未来、找亮点挖潜力；"复评"重在关注学校发展定位和诊断发展中的问题；"回访"重点关注学校落实评价建议和改进工作情况。

二是实施第三方专业评价。委托第三方专业评价机构，每年对本区域内中小学教育质量进行综合评价，依据教育部印发的《中小学教育质量综合评价指标框架(试行)》的评价内容和关键指标进行分析诊断，分项明确评价结论，提出改进建议，形成对每所学校教育质量的综合评价报告，反映学校优势特色、明确具体问题、指导改进提升，从而帮助学校建立起适合本校的包括培养目标、评价标准、自我评价、结果运用、监督落实制度等完整的学校教育质量内控机制，保障学生全面发展、健康成长。

要持续关注学校差异、特质和未来发展潜质，优化评价方案和手段，持续推动打造家门口的新优质学校。一方面，实施学校发展性增量评价。强化学校自身纵向提升，弱化校际横向比对，重点突出办学差异性、同比提升度、未来发展性等三个方面，实施"不比基础比进步、换只眼睛看发展"的增量评价策略，以"一校一策"评价结论，准确客观判断学校工作成绩和存在问题，提出发展性意见和建议。同时，鼓励学校建立科学的自评机制，确定市县两级中小学教育质量综合评价改革试点学校，在学业增值评价、学生综合素质评价、教师评价、数据分析及应用等领域进行积极探索。

另一方面，构建教师发展性评价模型。统筹考虑不同学段、不同学科、不同层次教师的专业发展需求，结合新时代教师队伍建设要求，探索构建本土化的"四阶三维二层"教师发展性评价模型，聚焦"入格""合格""骨干""卓越"四个阶梯，"专业品质""专业知识""专业能力"三个维度，"个性化""基础性"二个层面，构建多样化的教师成长评价体系，打造教师成长信息电子档案袋，着力破解"千人一面"评价格局。

(三)学生层面：构建"多维评价"体系，全面树立正确的育人导向

长期以来，由于教育内外部多方面原因，单纯以学业成绩和学校升学率评价中小学教育质量的倾向还没有得到根本扭转，重分数轻素养、重灌输轻实践、重竞争轻健康等错误导向，严重影响了学生的全面发展。针对育人评价中的种种问题，应着力推进区域中小学教育质量"四维评价"变革，坚决扭转以考试成绩评价学生的单一育人导向。

构建评价指标体系。制定出台中小学教育质量评价实施方案,构建学生品德发展、学业水平、身心健康和学习生活幸福等四个维度十八项指标的四维评价指标体系,凸显全面、全程、全员的科学质量观,引导学生奋力成为"最好的自己"。

基于大数据推动教育教学改革。通过对学生的学业、身心、家庭等数据的汇总分析,构建"描述分析—相关分析—预测解释—分类分析—系统建构"五个层次的数据挖掘模式,致力于发现教育深层次问题和稳定规律。

同时,建立"县校联动"教育质量分析反馈范式,形成监测评价驱动教育教学改进良性循环圈,评价的改进提升功能更能得到前所未有的信息保障。

改变过去单纯通过学业成绩评价学校和学生的方式,建立以考查学生群体发展情况评价学校教育质量的方式。

一是进一步完善县域中小学教育质量综合评价改革方案及指标体系。针对学生的品德发展水平、学业发展水平、身心发展水平、兴趣特长养成、学业负担等维度,注重定量评价与定性评价相结合,借助信息化手段,建立学生成长评价系统,全面客观收集学生成长信息,通过数据积累与观察结合进行综合分析判断,注重过程性评价,重点关注学生成长过程中的进步与努力程度。

二是积极探索"学业+"的学生综合素质评价方式。在义务教育阶段,开展全学科评价改革,推行"等级加评语"评价方式,取消百分制,采取"优秀、良好、合格、待合格"等分级评价,多用鼓励性评语,激励学生成长。

三是用好"智慧教育大数据平台",组建专家队伍对区域参加综合质量监测的学生数据进行跟踪分析,安排责任督学对学校改进教学及提升管理水平进行过程督导,并将学校及教师改进提升的落实情况纳入年度目标考核。

第三节　基于特色化发展的评估机制构建

美好教育的评价,是通过考察县域教育特色化发展水平来实现的,而对县域教育特色化发展的考察评估,最终落脚到对学校教育治理结构的评价。学校教育治理结构一般包括依法办学、自主管理、民主监督、社会参与等方面。对于依法办学,要坚持正确的办学方向,注重制度建设,规范办学行为;对于自主管理而言,主要针对目标管理、发展规划、特色创建等方面进行考察评估、认定等。评价一所学校,首要的是考察是否坚持正确的办学方向,这主要考察办学是否贯彻落实党的教育方针、是否确立素质教育的重要地位、是否坚持全面科学的教育质量观,并且上述方面的办学实践是否与办学实现保持一致。

一、基于校本发展的特色化发展评价

县域教育特色化发展规律,要求县区教育行政部门指导学校自主制定特色化发展规划,监督学校制定适合自己发展的评价标准,在有关部门推动下,逐步形成自己的特色办学体系。教育行政部门要按照学校特色化发展标准,对学校特色推进阶段和发展进程进行督导评估,有条不紊推进特色发展,逐渐形成特色学校。

(一)学校特色要素及其判断标准

创办美好教育,推进县域教育特色化发展,首先要弄清楚以下问题,才能有的放矢地行动。对"什么是学校特色""学校特色办得好""学校特色可否评价""是否存在一个清晰的评级标准"等问题的回答,是搞好学校特色建设的逻辑起点。所谓学校特色,就是在办学过程中逐步形成的独特个性风貌和鲜明的办学风格,最终凝练形成学校的独特气质。我们先从学校特色生存背景考察开始,认识学校特色的现实意义。

1. 教育选择是学校特色的生存背景

学校特色与教育选择相互促进、互为基础。教育选择是对公平和自由的倡导,自由是学校的最高境界。在何种程度和范围内实现公平和自由,决定学校特色的不同生存背景。学校特色的生存环境,分为理想生存背景和现实生存环境。其中,择校是体现更大范围的教育选择,是学校特色的理想生存背景。在这种背景下,学校特色与学校特长或专门学校、专科学校联系在一起。如西方国家的磁石学校、灯塔学校等,在教育实践中强调专长或特殊政策,以学校专长为支撑,以特色项目和活动为支撑。而现实背景下"好的"学校特色不仅仅是学校特长,而是强调办学的多样性。对于学生个体而言,选择学校的权利,转化为入校后选择课程或活动的权利,学校依靠教育教学活动的多样性保证教育自由。在现实生存背景下,"好的"学校特色要面向全体学生的全面发展,尊重并保护每个学生的选择自由。就教育整体而言,学校特色的本质就是多样化;就每个学校而言,学校特色就是优质基础上的个性化。如果固守学校特长,就可能使学校陷入注重比赛获奖的误区,忽略全体学生的全面发展,脱离教育的根本,因缺乏普惠性而影响学生的长远发展。

创建和挖掘学校特色,是实现学校教育目的的重要工具。同时,学校特色对于当前的教育有重要的现实意义。

(1)学校特色是促进公平的重要手段。在强调公平和质量的教育发展时期,学校特色对于基础教育具有重要的号召力。均衡是发展的基础,质量是发展的要求,是对优质均衡的生动描述。对于优质学校而言,学校特色是"锦上添花",是更大程度地满足群众对美好教育的需求;而对于薄弱学校而言,学校特色是一种促进学校发展的方式,尤其对农村学校具有特别的意义。

(2)学校特色体现素质教育要求。实现特色,根本上要在教育教学进程和内容上体现差异,体现对学生全面发展的关照,给予学生受教育内容的选择权,这正是素质教育的要求。

(3)学校特色体现教育的创新。特色本质上是差异,差异化本身是学校的经营策略。发展特色就要张扬学生的多样性,把基础性和多样性结合起来。多样性的根本要求是创新,学校特色面向教育创新,特别是面向学生创新性素养培育。①

2. 学校特色的要素和结构

要评估特色学校,首先必须掌握学校特色的要素和结构,这是评估的基础。学校特色的构成要素主要包括学校教育观、学校教育操作思路、学校教育实践行为、物质载体四个要素,学校特色结构主要表现为四个要素的联系方式。

(1)学校特色的要素。一是学校教育观。所谓学校教育观,就是学校教育主体通过理性思维,对教育理论的选择或是理性的概括,是包括目的观、内容观、方式观、教师观、学生观等在内的一套教育观念系统,是学校教育手段个性化和多样化的基础和灵魂。二是学校教育操作思路。学校教育操作思路是学校为了实现育人目的而对教育活动进行设计或理论构想,是关于方法论层面的思考,是教育方式、方法的逻辑和格式,是对方法技术的反思与超越,体现学校育人方法论方面的独特性。三是学校实践行为。学校教育实践是学校教育者有意识地、自觉地改造教育的活动。学校要形成育人方面的独特性,需要由思维中设想的学校特色,转化为实际存在的学校特色,需要学校教育主体的实践行为。学校独特的教学、德育、管理等实践活动及其方式本身,体现着教育者的教育思维,成为最鲜活的学校特色存在。② 四是学校特色物质载体。学校特色物质载体是学校教育观指导和支配下的学校主体,以课程、教学、教材、管理、校园环境等为实践对象持续构建的产品和结果。这些载体蕴含不同教育观念的内核,表征学校特色,成为学校特色物化的风格和形态。

(2)学校特色结构。学校特色结构是组成学校特色的要素,即学校教育观、

---

① 赵茜,冯晋婧.如何认识和评估学校特色[J].当代教育科学,2011(14):8-11.
② 李旭,王强.论学校特色要素及其判断标准[J].教育发展研究,2019(6):79-84.

学校教育操作思路、学校教育实践行为、物质载体四个要素之间的相互关系。

一是学校教育观支配着学校教育思路与学校教育实践行为；二是教育观支配下的教育操作思路建立在对学校教育目标和系统内外部环境先行分析基础上，又考虑教育理论在实践中的转化和应用，贯穿于学校教育活动的始终，成为从教育观到教育行为的中介；三是学校教育实践行为由教育操作思路直接决定，并体现着学校教育观，是学校教育观在学校实践领域和学校成员（主体）实践行为中现实化的结果。一方面学校形成与学校教育观一致的特定行为模式和学校特有的实践方式；另一方面，学校实践行为将教育观转化为客体的特色，使学校教育实践对象和产品（教学模式、管理制度、课程体系、特色项目、学校环境）成为学校特色的物质载体。四是学校物质载体是学校教育观与教育操作思路的外化。教学模式、管理制度、课程体系等学校教育实践产品，通过教育实践不断内化学校教育主体的自我认识，丰富并规范学校教育者绵延的生命实践和教育行为，使学校不断形成自身的特色文化，从而构成学校特色整体性的存在。①

3. 学校特色的标准

一所学校是否具有学校教育特色的标准，涉及对学校特色本质的认识，看学校是否具有教育思想和理论支持下的知行合一，即学校教育观、学校教育操作思路、学校实践行为、物质载体四个要素，是否齐备且其内在逻辑是否一致，这就是判断学校特色的标准。学校特色发展水平评价的重要指标之一，就是学校教育理念系统与实践要素的一致性程度，学校教育思维链条和学校教育行为链条缺一不可。学校教育思维链条和学校教育行为链条保证了教育观、学校操作思路、学校教育实践行为与物质载体的一致性。根据学校是否具有教育思维链条和行为链条，可以得到学校特色判断框架。

依据这种框架，学校发展涉及方向和目标首先明确什么是"好的"学校特色，"好的"就是一种价值判断，涉及学校特色的评估标准。学校特色评估是学校特色发展的自身要求，学校特色的判断标准要符合当前教育和社会公认价值标准。"好的"学校特色符合下列三条标准。

（1）自身生发。"好的"学校特色要由学校自身生发，要与学校条件有深刻的"扎根度"。学校特色定位要源于学校的硬件条件、师资条件和生源条件等。在学校建设的初期，往往追求硬件条件特别是学校外观的与众不同，或者根据教师的特长设计学校特色项目，这种对学校相对稳定条件的关注，仅是追求表

---

① 李旭,王强.论学校特色要素及其判断标准[J].教育发展研究,2019(6):79-84.

面的学校特色,并未达及学校特色的根本。学校特色的起点和终点都要落在学生身上,学生发展是学校特色的根。

学校特色根本上要生发于学生,根据生源特点设计或生成特色。学生发展需要什么,学校就要提供什么,要体现因材施教。因材施教不仅仅是教师有什么特长就教什么内容,而是立足学生需求挖掘更广泛的师资力量、教学内容和教学条件。特色办学往往更要求学校开门办学,更好地对办学资源进行开发和使用,更好地发挥家长和社区的作用。

学校特色生发性的特点导致学校特色具有区域性特点。学校特色生发于学校条件,受经济社会文化条件影响,脱离不了地域限制。在同一区域中,文化传统是一致的,家庭的社会经济背景是相似的,学校特色具有区域相似性。

(2)品位高远。教育是面向未来的一种活动。一个"好的"学校特色,应该有高尚的品位和深远的立意。学校特色虽然生于学校环境,学校的品位要高于周围社会的品位。学校特色的品位,主要体现在对学生全面发展、优质教育、个性发展的关照上。学校特色的品位高远,体现在关注学生的未来发展上。要根据未来社会发展需要,设计发展目标和特色。学校特色的品位高远,还体现在优质性上,质量是学校特色的重要支点,优质性是学校特色的重要特征。

学校特色的品位还指自主性。自主体现了教育和受教育的自由。学校特色最终是要促进学生全面发展,但更重要的是促进学生自主发展。自主发展是全面可持续发展的基础,是个性发展最基本的前提。学校能否守住教育的根本,保持教育者和受教育者思维的自主性,取决于学校能否给予学生成长的空间。学校特色要更好地展现学校教育魅力,给学生留足充分的自我支配时间,让学生自主思考、自我表达,促进学生自我发展。

(3)三维成熟。"好的"学校特色要在实践、空间和活动三个维度上弥散,并体现出整体性、渗透性和持久性,实现特色的成熟。学校特色是由一条主线贯穿的、整体的特色。成熟的学校特色具有的标志:一是成熟的学校特色应该是独立形成了一个场域,进入学校的每一个人,都能感受到与众不同的风格,并且自觉践行这些独有的行为准则,被特色所融合,并不断完善特色。二是成熟的学校特色应该渗透在学校的每个角落、每个活动和每个人身上。学校特色不排斥学校品牌,但品牌并非特色的目的和全部内涵。品牌意味着核心竞争力和比较优势,并且用标签的形式表现出来,但学校特色更应是一种内涵和内在气质的表述,是向内不断延伸和渗透的,是促进人的发展的。

学校特色的成熟需要积淀,在时间序列上,学校特色应该是长期不变和沉淀下来的特征,是一个取精华弃糟粕的过程。一般而言,特色既是由内而外生发的,也是自上而下形成的,围绕校长的办学理念,融入学校的各个部门,特色的形成要依靠学校的长期坚守,坚守不变是学校特色形成和成熟的根本性方式。

(二)学校特色观察与评估

1. 学校特色评估

学校特色是一种氛围,是一种空气、一种关系,不可见却又无处不在,要求对其进行判断并改进,要求被评估。上述三个标准并非是可观察、可操作化的评估内容,需要借助恰当的表现形式,确定评估内容,利用评估方法进行评估和改进。学校之所以成为学校,必须有三类要素,即有一个固定的场所、有受教育者和教育者、进行教育教学活动。学校的特色正是依托于学校这三类要素,通过各种形式表现出来。学校的建筑、物品、师生的精神面貌、言谈举止等无不打上特色的烙印。学校特色的表现形式既有固化的,也有鲜活的、变化的,通过这些形式的评估,实现学校特色的评估。

(1)固化稳定的学校特色。学校特色最显性的表现,是固化在办学目标与理念、管理机构设置和学校课程中。

第一,学校特色的首要表现形式是学校的办学目标和理念,这是学校特色的灵魂。学校独特的气质来源于办学思想。办学目标和理念是学校特色整体性成熟的主线,贯穿并渗透于学校各种要素之中。办学思想需要坚守,需要持久地贯穿在学校发展的始终。

第二,学校管理机构是学校特色的骨骼。根据办学条件,特别是学生发展的需要,设置独特的机构,是学校特色的支撑。实践中,要围绕学校工作设定不同部门,与特色办学理念相匹配,部门设置应与学校理念和特色保持一致。

第三,学校的课程设置是学校特色的肌理。教学内容的课程化是学校教育的重要特征,学校特色的创建要丰满,学校的特色课程是其核心。多样化的课程是学校特色的主要承载体,是学生实现全面发展、自由发展的重要手段。

(2)活动独特的学校特色。学校特色还体现在学校的各类活动中,主要包括教学活动、学生活动、教师活动、管理活动,是学校特色的载体、保障和体现。

第一,教学活动是学校特色的主要载体。教学活动是学校的核心活动,也是学校特色最终要贯彻和表现的形式,体现了学生的特点、师资条件和教学条件。教学活动的自主性和教学质量,都是学校特色的体现。教学活动是否面向全体学生的全面和个性发展,体现了学校特色的成熟度。

第二,管理活动是学校运行的保障,是管理机构的动态运作,是学校特色的表现形式之一。管理活动的设计,要体现学校特色和学校的核心文化价值,与管理组织文化相匹配,保持整体一致。

第三,学生活动和教师活动是学校特色最鲜活的体现。学生活动和教师活动,是指学生和教师在参与教学活动以外的在校活动,是发挥学生和教师自主性的重要体现。教师和学生所接受、传达的学校特色,都在其具体行动中表现出来,也是最为变动不居的学校特色。学校教育的自由和繁荣,体现在教师和学生思维的灵活和表现的生动上,而学生团队和教师团队的活动,无不体现鲜活的生命灵动与活泼,而各校的不同表现,则体现出学校的特色所在。对学校特色的评估,要通过评估学校特色的各类表现来达到目的,主要关注学校特色创建的结果,在于学生的个性自主发展。对学校特色的各类表现进行评估,要看是否从学校自身生发,看品位高远与否,看是否在三个维度上成熟。在评估时,要注重特色过程性指标进行评价,学校特色建设的过程性评估指标,可以从6个方面进行设计(见表5-1)。①

表5-1 学校特色评价框架

		扎根度			品位度			成熟度		
		师资条件	硬件条件	生源特点	优质性	多样性	自主性	整体性	渗透性	持久性
教育教学	课程设置									
	学生活动									
	教学活动									
领导管理	办学思想									
	管理机构									
	管理活动									

2. 学校特色评估主体性职责

学校特色评估的目的,是为了改进和发展学校,而不是为了给学校贴标签。作为评估主体的学校和政府,在学校特色评估中的立场是一致的,角色是不同的。学校的角色是自省者,政府的角色是支持者。

特色创建的过程的评估,需要创建过程中跟踪式的评估和反思。学校特色

---

① 赵茜,冯晋婧.如何认识和评估学校特色[J].当代教育科学,2011(14):8-11.

评估主要依靠学校自我评估。学校特色的创建要注意整体性，应该从办学理念出发，结合学校特色的各种表现形式，整体塑造，要追求气质的塑造。学校要关注特色创建的整个过程，从特色的基础条件、各方面表现、成熟度等进行自我诊断，需要长期、全面、深入的自我审视。

学校特色的自我评估存在高度不足的问题，还需要政府对学校特色进行评估。政府对学校特色进行评估，不是对学校办学行为的规范，是对卓越的追求而不是对学校最低限的要求。政府对学校特色进行评估，是从外部审视学校特色创建的结果是否满足学生的多样化需要，侧重结果性评定，主要由教育行政部门或督导部门进行。

政府要发挥对学校特色的引领和提升、服务作用，提升学校特色的品位和成熟度。教育行政部门要与学校共同分析学校特色存在的问题，找出原因，提供相应支持。教育行政部门要与其他方面的督导评估结合起来，真正从根本上促进学校特色发展，给予学校一定的办学自主权和发展空间，推动学校自主办学、自主发展。

除了学校和教育行政部门的评价，还应引进研究力量和第三方机构参与特色评估。第三方力量站在一个更加客观的立场上评估学校，既可以站在学校内部帮助学校自评，也可以站在学校外部审视学校，更加灵活也更加自主，能够消除中小学教育系统内部自我诊断和评估的弊端，更有利于学校特色的创建和发展。

（三）学校特色评价模式

对学校特色的评估，首先要回答的问题是：谁来评价学校？依据什么来评价学校？会得出什么样的评价结论？该如何运用评价结果？所以，需要确立评价的主体、评价的要件和给出评价的动态结果。首先要明确评价标准的确定，依据评价主体需要的主次、强弱和价值大小，选择若干标准作为评价活动的反映对象，组成一个有序的评价标准体系。更重要的是能把特色学校的理论构想转化成可操作的实践措施。

1. 特色学校评价标准

特色学校评价标准构成包括主体和构件两大部分。

（1）特色学校的评价主体。由谁来评价特色学校？不同的评价主体，由于各自的需要、利益以及与学校的关联不同，可能会对同一所学校的评价有相当大的差异。

现行学校教育评价包括部门评价和自主评价。对于部门评价来说，评价主体是政府及其各级教育主管部门，或者是社会与家长。教育行政部门要在新的教育理论指导下,转变对特色学校的认识,发展形成较为可行的特色学校评价标准,并以该标准指导学校发展。从指挥转变为支持、协调和评价。对于自主评价来说,评价主体既是学校特色的策划者、设计者,又是学校特色的实践操作者,他们是学校特色的主体。所以,学校特色的评价过程,必然是学校干部和教师自我教育、自我提高、自我完善的过程。

要合理确定特色学校评价主体。由于学校在国家的教育方针、素质教育和教育均衡发展要求下,从事学校教育实践活动(包括特色学校建设),同时,特色学校的独特性,决定了学校系统内特色项目和校际特色项目的比较性价值取向,所以,特色学校的评价主体,依然以政府或各级教育主管部门为主导、学校自主评价为主体、社会各界广泛参与构成。

评价者主要通过学校特色评价来确认特色学校。在评价实施方案中,政府或各级教育主管部门,依据教育政策和本地特色学校发展需要,制定指导性评价框架,对学校实施主导性评价。学校则要按照自身发展需要,制定特色学校的自我评价方案,发掘、实施和设计学校特色发展的水平和路线。

主导评价方不完全用既定的价值框架来评价学校特色,主要通过评价对象提供的丰富的历史和现实资料,根据学校自我评价提供的信息进行指导或评价,以促进学校的自主发展。学校特色的价值大小,最终由评价对象所创设的特色价值来决定。

(2)特色学校评价标准的构成要件。学校特色由学校独特的办学理念、教育行为方式和教育文化环境三大要素熔炼而成。[1] 评价要对学校特色的创建过程及成熟度水平进行价值判断。学校特色内容是设置评价指标的依据,指标是评价内容的反映形式。首先,办学理念是以校长为代表的学校个性化教育思想在办学过程中的集中体现,具有唯一性。因此,在教育行政部门指导性评价和学校自主评价过程中,具有操作价值的,是以校长价值观念的呈现方式为主的学校价值理念。学校间的差距,往往就体现在校长的办学理念和管理能力上。其次,通过特色项目建设,促进学校教育行为方式转变。学校评价,操作上要突出正在进行时,兼顾演变过程。再次,学校文化的形成和自觉,才是学校发展追求的最高境界。

2. 特色学校评价的基本模式:整体和特色

(1)评价模式表述:基本评价+特色评价。特色学校评价的着眼点,应该是特色学校的特色。它一定是根植于学校大多数教师与学生思想之中的东西,能

---

[1] 龚春燕,等.中小学特色学校评价的思考[J].人民教育,2009(3-4):32-36.

对全校学生的终生成长有重要影响。作为特色学校的建设，一定要面对全校学生的发展与成长，一定要以学生整体素质的提高为其显性表现。特色项目在特色学校发展中的先导性作用是客观存在的，所以，在评价措施上，需要通过"基本评价＋特色评价"来表述。基本评价重在评价特色项目对于师生参与的广度，关注整体性和稳定性；特色评价则关注独特性和多样性。

(2) 建立层级的评价目标。建立层级的评价目标，充分体现校本管理的价值取向，鼓励更多学校参与到特色学校建设中来，充分发掘优质学校特色资源，引领更多学校走向成功。

评价类型。根据特色学校"特色"价值对学校教育的渗透广度和价值深度，分别评价为"特色项目学校"或更高一级的"特色学校"，兼顾普及与提高。并且评价是动态发展的，要根据学校发展的不同阶段给予评级的改变。

评价层级。省市确定《特色学校评价标准》，县(区)确立《特色学校评价实施细则》。分别评定市级、县(区)级特色单位。可分先后推出"特色项目学校"和"特色学校"。《特色学校评价实施细则》可以按照层级指标，赋予项目的权重分数评价，最后合成到综合评价的等级上。

(3) 特色学校评价注意的几个问题。为了保障评价措施科学有效，充分体现评价的多元互动，需要处理好评价的几个关系。

事实判断和价值判断相结合。作为评价的主导方，核心在于读懂事实，根据评价标准进行价值判断，还要听取学校关于价值的解说和讨论；作为自主发展的学校，则需要呈现有价值的事实，主动获取评价主导方的认同。

主观判断与量化评价相结合。组织有理论素养和实践经验的专业人员，参与评价团队。评价者对自己所给出的等级或分数有把握的，可以用分数或等级来表达，如学生的参与度、成果展示的数量等；价值观念，可用文字简明描述价值判断，如办学理念、制度文化、历史积淀和价值观念的转变等。还需要强调量化评价的结果运用，必须关注学校相对发展的程度。一所传统特色学校的量化结果，可以帮助确认学校特色发展的较高价值水平；同样需要关注的是，一所发展历史相对较短却发展较快，或者取得有创新性特色发展成就的学校，同样可以确定为有价值的特色学校。

多种评价与测评手段相结合。根据评价标准中的项目设置，分别采用听课、座谈会、听取汇报、现场观摩、问卷调查、随机走访、查阅记录和台账等办法。在评价实施过程中，充分尊重学校的自我评价，重视评价对象的陈述、解释和不同看法，与学校在价值观念和事实判断上趋于一致。这样才能充分体现评价过程的互动和评价结果的客观效度，达到促进学校发展的目的。

评价主观愿望与学校发展基本一致。对学校特色的评价,既是客观现实的反映,又是一种主观的认识活动。只有主观预期与教育的客观规律相符,才是科学合理的。把对话、交流、讨论、解决问题等校本策略运用于对特色学校的评价之中,有利于达成评价者引导的观念和学校主张的观念互动与共享。实施特色评价需要处理好几种关系:既要立足特色评价,又要顾及学校其他工作;既要尊重首创精神,又要切实有利于学生的全面发展;既要重在现实性,又要考虑发展性。

评价程序:建立评价模式—学校自我评价—现场考察评价—综合分析评估。

一要看重学校的研究常态。确立学校特色建设中的常态研究或活动,强调学校教育发展需要日常教育活动或研究的持续变化来体现,突出学校特色发展的渐进与积累。常态考察得出的成绩,应该比评估现场临时展示的成果给出更多分数。

二要看重学校的文化自觉性。考察校长和管理团队办学理念的和谐共振程度,可以看到特色理念与落实措施之间的差距。重点考察两个层面:校长价值的引领能力、决策能力和组织能力;学校决策是否体现管理团队参与的民主机制。

三要处理好评价本身的价值取向。过程性、发展性和参与性是特色评价的基本价值取向。

二、美好教育市县(区)联动评价改革的关键

山东省推进县域教育特色化发展研究,在突出以县为主的同时,充分发挥地市教育局统筹区县教育发展规划研制与实施的枢纽作用。在推进基础教育改革中,地市教育主管部门确立正确的立场和出发点,坚持市县(区)域联动,着力解决好教育主管部门想问题办事情的立场问题,当行业利益、部门利益、学校利益甚至是教师利益与学生利益、群众利益发生冲突时,教育主管部门要坚定地站在学生和群众的立场,更好地适应人才培养方式的变革,加快推进政府和部门自身改革,简政放权,推进学校自主办学、专业发展和去行政化,进一步解放和发展教育生产力,让学校充满活力,着力推进教育公平,不断满足人民群众对美好教育的需求。

作为基础教育改革主体,潍坊市如何破解中小学生课业负担过重等应试教育倾向长期难以克服,社会责任感、创新精神和实践能力等素质教育的美好追求难以落地生根的难题呢?潍坊市认真分析后发现,这些难题的根源在于,教育主管部门单纯按分数招生录取,致使学校、教师、学生和家长无法放手实施素质教育;惯常运用行政化方式管理学校,学校缺少应有的办学自主权,导致校

长、教师难以按规律办学；总是习惯于闭门办学，没有赋予学生、家长和社会人士参与教育管理的权利，不能让更好的改革举措赢得广泛支持。潍坊市的经验证明，只要地方政府及其教育主管部门勇于担当、勇于改革，有关问题就会得到解决。

（一）让督导成为基础教育综合改革的保障和突破口

潍坊市教育综合改革的起步和突破，是从强化教育督导开始的。在改革之初，通过构建起对市县（区）每年一度刚性透明的教育督导评估制度，靠教育督导，强力推动和保障持续十几年的系列改革。取得的主要经验是，让教育督导评估制度改革与校长职级制、职称晋升、评优树先和办学效益等级、中考录取等充分结合，挂起钩来，将中小学办学自主权落实到位。

1. 教育督导对于区域教育发展的重要价值

为了更好地促进"以县为主"管理体制的落实，调动起各个市县（区）为教育办实事、解难题的积极性，督导出全市从教育部门到所有学校都凝心聚力、真抓实干的浓厚氛围，潍坊市将督导结果作为评价市县（区）年度教育工作的唯一依据，并将督导成绩在《潍坊日报》上全面公布。这一创新举措，引起了从各级领导到社会各界和人民群众的一片叫好，普遍认为"教育部门敢于动真格的"，全市上下领略到一场真正的教育改革的胆识和韬略。

教育督导督出了社会各界对教育的信心和信任，为深化改革奠定了基础。潍坊市的做法得到教育部和国家督导团领导的肯定与支持，2003年3月，教育部曾专门在潍坊开会推广。当时新到任的潍坊市委书记和市长，充分了解和认识了潍坊教育的情况，看到了教育部门的境界和追求，激起了他们大刀阔斧、全力支持推进教育体制改革的信心和决心。

从2001年到2016年，潍坊一年一度对市县（区）教育进行综合督导，每年一次全市两会期间在报纸上公布教育督导成绩。教育督导真正成为潍坊号令全市上下不断推动教育改革发展、攻坚克难的"高考指挥棒"。

在教育督导年复一年、锲而不舍的持续推动下，许多困扰全国的教育热点难点问题，如教育投入不足、教师队伍补充难、办学行为不规范等，在潍坊都得到了较好解决。潍坊市十几年来被社会公认的主要改革成果，比如，以"多次考试、等级表达、综合评价、多元录取"为主要内容的中考招生考试制度改革，以取消中小学校长行政级别，"克服行政化、实现专业化"为核心的职级制改革等，都是教育督导成就的。潍坊的教育督导，不仅督发展，更要督改革，重要的改革举措都是教育督导的重点，通过督导，确保落到实处。

现在潍坊市抓任何一项重要教育工作，任何重要事项，首先将其纳入年度对市县（区）的教育综合督导，列入年度督导，纳入督导方案中，成为考核评价市县（区）年度教育工作成绩的重要内容，以期引起党政部门的高度重视。

2. 强化地市督导：基础教育综合改革的保障和突破口

面对各县市教育部门和学校各自为战、无法有效组织的局面，如何才能形成全市一盘棋的教育工作格局呢？

没有监督和考核的责任，几乎等于不落实。要根据国家教育督导条例，构建强有力的地市对市县（区）的教育综合督导评估机制，为全面推进教育综合改革提供动力和保障，需要着重做好以下四个方面的转化文章。

第一，把督导方案制定的过程，变为全市教育系统科学决策、民主决策工作重点的过程。

督导方案的论证与形成。每年初用两三个月时间，组织市教育局所有科室、单位和各市县（区）教育局参与，反复对督导方案进行论证，确保方案既符合大政方针和依法行政要求，又切合基层实际，便于操作落实。每年一度的教育督导方案，就是一个总揽全市教育工作全局的行动纲领。

每年3月下发教育督导方案，各市县（区）立即展开研究并全力依据方案开展工作，争取年底督导出好的成绩。

为了防止市里各科室、单位对县里学校各种目的的检查评比、达标验收等的干扰，还建立了归口管理、公开发布制度，凡未列入许可目录的一律不准组织；即使批准的检查、验收、达标活动，原则上也要纳入年度督导一并进行，最大限度地维护县里和学校的自主权，为他们干事创业提供保障。

第二，要把各市县（区）依据督导方案自评的过程，变成督促区域内所有教育单位学习、研究、提升的过程。

督导办法采取随机抽样验证法。市里对市县（区）的督导，主要采用"验证法"。其原理是，从区域所属所有单位中随机抽取一定的样本，用最基层单位的样本情况，向上验证整个区域的情况，而且经查如果样本的真实情况和自评不一致、有虚假，就要大幅度扣减市县（区）的自评得分。只有基层每所学校和教育单位都按标准要求落实了，才可能有好的督导成绩。这就把每所学校的情况和它所在市县（区）的利益紧紧地捆绑在一起，全市所有学校和教育单位，年年都围绕国家和省市的重点和关注点开展工作。

第三，要把督导的过程，变成市教育局全体人员全程参与和研究解决所分管工作问题的过程。

职能科室和单位督导负责制。为了充分体现督导的目的和作用，把督导权力和责任首先交给各职能科室和单位,督导什么、怎么督导,都由他们先提出,督导时由他们具体负责。这样一来,就把每年一度的教育督导,变成了教育局依法治教、全员参与研究解决问题,为实现自己的理想追求而不懈努力的过程。

每年一次的教育督导,就是教育局全员参与研究上级要求和政策依据,深入基层进行全面调查研究,摸准吃透实情的"大练兵",为全面提高机关干部的政策业务水平和改革创新激情,提供了制度保障。

第四,要把深入基层实地开展督导的过程,变成锤炼过硬作风的过程。

督导人员的选拔与队伍组建。为了确保督导结果真实可靠,做到敢于公开和纳入考核,确保不发生徇私枉法的情况,在组建队伍时,除了个别专家实行外聘,凡是参与现场督导评分的人员,严格限定为市教育局及直管单位的在编在职人员,要从组织上对所有督导人员实现有效监控,绝对做到令行禁止,确保教育综合督导始终得到社会高度认可。

每年一度的教育综合督导,督的不仅是市县(区)政府,更是市教育局本身,是对教育局干部职工素质能力的大检阅,不仅全面锤炼了干部职工的过硬作风,每年一度综合督导的机制,彻底改变了教育局内部条块分割、各自为战的工作格局。在督导过程中,将所有的重要事项全部纳入督导,所有督导事项都首先交给所有科室、单位,反反复复征求意见,详细具体地展开研究,不仅大大减少了决策者"专权"的局面,而且通过督导,有利于大家在谋划全局、集思广益中,更好地把握各自的定位,进一步明确工作重点、思路和措施,加快形成围绕中心服务大局、凝心聚力谋发展的新局面。

(二)改革部门考核评价方式,推进教育部门职能转变

改革是利益关系的调整。能不能把先进的理念和价值,转化为具体变革教育实践的行为活动,关键要看这些理念和价值追求是否体现到考核评价中。如果不能做到这一点,再好的理念也只能处于提倡层面,不可能变为群众性的普遍追求。

改革的实践经验反复证明,领导主要靠更新观念来引领行为转变,而对广大群众来讲,要靠利益调整来促使他们转变行为,然后才会带来观念转变。

潍坊从 2001 年成为全国课程改革实验区,轰轰烈烈开展大规模教育培训、试点先行,一度难以收到成效。后来,找到了真正的原因,将改革重点先后放到了大力推进中考改革、专家办学的校长职级制改革、教师职称改革、教育督导改革、部门自身改革等方面。这些体制改革,都是评价领域的改革,是利益关系的调整变革。随着体制变革和利益格局调整,教育思想观念得到更新,广大学校

和教师就会真正行动起来。只要招生考试变了,对地方、学校、校长、教师的评价方式变了,课堂教学方式和学生成长方式就不可能不变。否则,"就课改抓课改"根本没有出路。

当时,困扰潍坊教育健康发展的许多热点、难点问题,表现在学校、家庭,长期难以得到克服和解决,根源在部门。要让教育主管部门及其工作人员成为推进变革的动力,关键是要彻底变革对个人、科室甚至领导的业绩考核评价方式,进而有效转变学校和教师的行为方式。

那么,如何变革部门的考核评价方式?

潍坊市的做法是:将转变部门职能的核心价值追求,逐一转变为量化考核的权重和标准,其中,项目管理占50%,即项目完成情况占整个科室、个人评价的50%;惠民服务中心收集到的那些问题的处理占15%;督学责任区的工作进展占15%。剩下的20%考核常规管理。每个科室、每个人既有直接解决问题的项目,又有能够保证不断发现问题、研究问题的惠民中心和督学责任区,"三位一体"的格局,让机关干部与学校和老百姓的喜怒哀乐紧紧连在一起。量化考核中占到50%的"项目",都是用来破解老百姓最关心的热点、难点、重点问题,而督学责任区、惠民中心,都是直接联系群众释疑解惑的。

通过变革考核评价,把教育局所属的科室、单位职能转变为对下负责,改变了传统的"上传下达式"体制,部门既要对上负责,更要对下负责,每个科室、每个人,天天都在研究老百姓的需求和困难,研究来自学校的问题和困难,站在群众立场、学校立场、学生立场去看问题想办法,一切困难、问题就会迎刃而解。

三、构建内生性增长式学校评价机制

只有把办学的自主权还给学校、还给校长,学校才能按照办学规律推进教育特色化发展,师生才能实现个性全面发展。潍坊市通过建立教育局对学校直接管理的退出机制,构建考核评价学校和校长职级评定的机制,着力破解中小学生课业负担过重等难题,把学校的办学自主权真正还给学校,全市各区县中小学办学呈现出"百花齐放、万紫千红"的喜人局面,区域基础教育优质均衡发展,有力地推动了立德树人根本任务的落实落地。

(一)以学校和校长职级评定落实办学自主权

1. 建立教育局对学校直接管理的退出机制

县区教育局从对学校办学的直接管理活动中退出,转变为管办评规则的制定者和监督落实者。为此,主要做了以下三项工作。

首先,落实学校办学自主权。主要有:副校长的提名权交给校长;将中层干部的竞聘权、教师职称的评聘权、上级对教师的各类评优表彰推选权等,全部下放指标到学校,由学校结合各自实际、按规则制定标准,并经学校教职工85%以上的信任投票,方可上报教育局研究。

教育局研究的规则是,只要学校严格按规则实施,特别是教职工满意度达到规定要求,经公示无异议,就应当完全尊重学校的意见。严格坚持"学校内部谁用人谁评价、谁了解情况谁评价"的原则,激发用人和评价的正能量。既促进学校资源充分聚集到教书育人核心环节上,又彻底根除用人不正之风滋生的土壤。

当教育部门权力下放给学校,让权力回归本位,由学校全体教职工参与、民主决定职称评聘结果,有效化解了教师不愿上课、不愿当班主任等一系列矛盾和问题。

其他方面,如通过实施生均拨款等,落实学校的财务自主权,通过改革高中招生考试制度等,落实学校评价学生、特色办学、课程教学改革等自主权,也都是在促使权力回归其本位。

其次,最大限度减少对学校自主办学的干扰。2012年专门出台文件,取消市级面向中小学的检查、评比、达标验收等50多项规定,除涉及安全稳定和年度绩效考核等政府行为与底线管理外,教育部门一律不再对学校的教育教学和管理进行检查、评比、达标验收。

最后,构建促进学校内生性增长式评价机制。学校的办学自主权有了保障,为了保证学校始终与上级保持一致不发生方向性问题,保证学校真正遵循规律办出生机活力,教育局简政放权绝不是"放责",更不是"放任"。教育主管部门要匡正手中的权力,打破传统的行政化思维,改革创新对学校、校长的评价方式。

在切实加强党的领导和民主监督基础上,着力构建起以促进学校内生性增长为主要特征的评价机制,让权力和责任真正统一起来,由"要我做"变为"我要做",促使学校和校长必须担当起破解教育热点难点问题的责任。

2.构建学校考核评价和校长职级评定机制

教育主管部门委托第三方评价机构,每学年都对所属学校进行一次年度绩效考核,确定校长年度考核等次;每四年要评定一次校长职级,并据此发放校长职级补贴和绩效奖励。通过委托第三方评价机构,对学校进行年度绩效考核,构建考核评价学校和校长职级评定的机制。

潍坊市教育局年年都把如何评价学校和校长作为重点工作项目,组织全国专家和基层校长一起攻关破解,确定考核评定学校和校长考核等级,必须处理好以下三个关系。

一是正确把握校长办学理念与学校办学实践的关系,突出对校长办学理念转化为办学实践能力的评价。在评价时,既要注重校长有没有先进正确的办学思想,又要求专家必须深入学校,在师生活动中检验理念是否转化为教育教学成果,更要注重以学校的办学业绩评定校长的能力水平。

在职级评定中,校长个人成果只占20%,其他80%主要依据学校办学情况,目的在于引导校长必须"说""做"结合、知行合一,真正致力于把学校办好,走专业化发展道路。

二是正确把握学校常规管理与创新求变的关系,突出对学校常态运行效果的评价。引导校长首先要致力于把学校办成符合国家规范要求的合格学校,然后在此基础上开展改革创新。

在确定权重时,将常规管理与改革创新占比规定为70%：30%,而且对常规管理采取倒扣分的办法,特别是对违规办学和安全稳定这些关乎根本利益的方面,都是大幅度扣分甚至"一票否决"。这些常规管理内容确定了30余项,作为学校不能触碰的"底线"——以日常发现的问题为依据,根本不用专门到学校检查。而创新求变的内容,都是学校和校长自主确定,由第三方专家到学校评议、认定。这为学校走上自主发展、专家办学的道路,办出学校的生机活力,提供了应有的空间和动力。

三是正确处理教师认可与群众满意的关系,突出办学满意度的评价。既要遵循规律,办老师们支持赞赏的学校,又要办学生和家长满意的教育,而且这两个满意度,在确定学校办学业绩时要作为系数,满意度越高业绩考核才能越好。科学的评价机制,促使校长把全部精力都用在关注学校内涵发展上。

(二)以中考改革破解学生课业负担过重等难题

1. 推进中考改革必须坚守的价值追求和基本原则

中考改革,改革的是考试、评价、录取招生方式,更是对人才培养方式的根本性改革。特别是在高中教育基本普及的新形势下,要发挥考试招生对中小学素质教育的导向、保障职能,把该放的权力彻底放下去,使中考真正成为有利于学校和家庭落实立德树人根本任务的指挥棒。

在改革中,潍坊市始终坚定地将高中学生的招录权放给每个高中学校,由学校根据自己的办学特色和追求,自主确定录取标准并进行招生;将初中学生综合素质评价权完全放给初中,由学校、教师、学生和家长,依据有关政策,共同制定评价标准并进行评价，评价结果由高中学校直接纳入录取参照。将中考考试次数、各学科方面等级高低的选择权交给学生，为每个学生全面发展、自主发展、个性发展提供正确引领和保障。在改革中，教育局成为考试招生规则的制定者和监督者，成为指导和帮助学校、教师、学生和家长充分参与改革的导演者和推动者。

中考改革方案制定后，广泛征求社会各界的意见、建议，提交政府常委会研究通过，在媒体全文发布方案，与所有学校签订责任书逐一落实责任，确保改革政策家喻户晓、人人明白。在考试成绩、登记公布后以及开始招生录取前后的一段时间，还在市政府和学校组建若干个咨询答疑和应急处置小组，随时准备释疑解惑并应对可能发生的上访等事件。

2. 中考制度设计

潍坊市的中考制度设计，概括为"多次考试、等级表达、综合评价、多元录取"。这一制度设计较好遵循了招生考试制度主动适应和服务于学生健康成长的规律，有利于克服长期以来难以克服的"应试教育"弊端，让学生、学校、教师和家长都成为改革的受益者，真真切切地感受到了改革带来的好处和便利。

(1)中考实行等级制。变学科成绩的百分制表达方式为5个等级，相差3分5分，甚至10分8分，可能是一个等级。等级最能说明一个人的真实状况，比百分制更能公平、准确地反映一个人的学业状况。

实行等级制可以让许多学生不再"极端追求"3分5分，让许多孩子有时间做自己喜欢的事情、发展个性特长。实行等级制还克服了百分制下用各学科成绩简单相加，一个学生一个总分、一个名次的弊端。实行等级制，考核多少学科和方面，就从多少个维度来评价。现在就是从十几个维度评价每一个学生，不仅谁是什么名次找不到了，而且让总分掩盖下的每个学生各个方面的优势都彰显出来，让许多学生都找到了属于自己的自尊与自信。

(2)多次考试。中考改革把多次考试确立为一个重要的制度安排，着力改变"一考定终身"带来的不公平问题，给每个学生都提供可以自主选择的一次、两次甚至是三次考试机会，一次不理想允许再考一次，以最好的一次成绩作为录取依据，为发挥失常的情况再加一道保险。

多次考试还可以为学有余力的学生提供自主发展、个性发展的可能。有的学生如果觉得自己在某些学科已经达到较好水平，就可以选择提前一年甚至两年参加学业水平考试，成绩理想，就可以作为中考成绩使用，从而节省出大量时间用于发展自己喜欢的学习内容。这对于培养拔尖创新人才具有特别重要的意义。

(3) 综合评价、多元录取。综合评价、多元录取的评价选拔方式,录取由过去只依据一个总分划线,变为现在从十几个方面全面衡量每一个学生。学生除了可以依据等级参加录取外,还可以参加特长生录取以及初中学校老师给予的推荐生录取;那些所谓的偏才、怪才,也可以向高中学校提出申请,参加特殊才能的展示录取。

面对"多次考试、等级表达、综合评价、多元录取"的新中考制度,从教育部门到学校都要比过去付出很多。每个高中学校要逐个学生、逐个科目进行分析比对;初中综合素质评价,天天都要记录每个学生的成长变化。所有这些改革举措,都是为了创造适合每一个学生健康成长的教育,让招生考试改革更加适合每个学生健康成长的需要。

3. 中考改革方案不断丰富和完善

以综合素质评价为例,这是社会最担心、最关注的事,10年时间经历了10余次调整与变化后,形成了评价结果与主要文化课学科等值对待并纳入中考录取的崭新局面。

除综合素质评价外,潍坊市中考改革的其他方面,包括多次考试、等级表达及多元录取等的每一个方面,在实践探索中都无一例外地经历了逐步深化、完善的过程,都是基于问题,坚持试点先行,不断扩大试点探索,不断总结试点经验,然后才逐步在全市全面推行。

上述以三大改革成果为支撑,构建起了评优晋级、达标验收等事项的前置审核制度。所有面向学校、校长和教师的评优晋级、达标验收事项,首先需要通过市县(区)教育局的资格审查,只有在安全稳定、规范办学、师德考核、课业负担等方面达到规定要求,才具有参评资格,不然就要"一票否决"。另外,在课程教学改革、教师职称改革方面,也都形成了完善的制度体系。

四、美好教育评价改革建议

1. 成立教育评价中心

如今,教育评价改革在基础教育综合改革中发挥着指挥棒作用,其引领和撬动价值越来越大。国家保持以县为主的教育管理体制不变,作为县域教育行政部门要更好履行这一管理职能,有必要组建成立教育评价中心,主要负责研究县域学业质量标准、义务教育优质均衡发展指标体系、中小学办学效益评估、学校特色要素及其判断标准,以及县域学校文化建设标准、课程建设标准、校本课程开发标准、课堂教学标准、教研组和班级建设标准等,并协同各部门搞好学校教育评价工作。评价中心研制的这些标准和指标,符合区域教育发展实际和需要,能为县域教育特色化发展提供决策参考,能指导学校更加科学地发展。

2. 引入第三方评价机构

目前,县域教育许多评价不科学、不客观,不能正确反映学校办学的实际状况,不能很好地调动学校发展的内在动力,有时甚至严重挫伤学校特色化发展的积极性。例如,当前县域教育各部门每年评价,既当运动员,又当教练员,还当裁判员,管办评不分,评价结果严重失真。国家提出"管办评分离"改革主张,至今一些县区无动于衷,究竟是自身原因还是其他原因需要弄清。山东省推进县域教育特色化建设,大力推进美好教育发展,创办人民满意的教育,必须以省政府的名义,引进第三方评价机构,下大力气强力推动"管办评分离"改革。

3. 建立以学生为主体的学校自我诊断模式

随着学校办学自主权不断扩大,学校自我诊断成为管理走向科学化的重要方式,与传统的自我评估相比,自我诊断在价值取向、程序与方法、结果应用等方面,更加强调学校的自主性。学校要借鉴国际先进经验,着力从学生视角、学生立场,深入收集信息,同时建立三角认证的多角度信息比较途径,强调学生的参与,并从学生变化中建立动态信息机制,从而建立以学生为主体的学校自我诊断模式,整体推进学校教育特色化发展。

除以上三点建议外,还有诸如基于学校发展规划的独立评估、教育质量四维评估等模式。各县区学校要根据自己的发展特点和需要,抓住精髓、灵活运用,合力推进教育特色化发展,尽量满足每个学生对优质教育的需求。

参考文献

[1] 高书国.新时代中国教育典型特征与发展策略[N].中国教育报,2017-09-11(12).

[2] 冯建军.新时代美好教育生活及其创造之路[J].中国教育学刊,2018(12):43-48.

[3] 林藩,黄丽萍.教育特色化:向高水平均衡迈进[J].教育科学研究,2012(4):38-40.

[4] 邬志辉.学校特色化发展的重新认识[J].教育科学研究,2011(3):26-37.

[5] 陈子季,马陆亭.着力解决好教育不平衡不充分问题[J].人民教育,2017(21):18-21.

[6] 庞丽娟.教育供给侧结构性改革改什么、如何改[J].民主,2017(10):10-11.

[7] 张志勇.立德树人是教育的根本任务[N].中国教育报,2017-09-08(10).

[8] 傅维利.论当代基础教育的特色化建设[J].教育研究,2014(10):12-17.

[9] 曾天山.办好人民满意的教育[N].中国教育报,2018-02-01(2).

[10] 马克思恩格斯选集[M].第1~4卷.北京:人民出版社,2012:25-28.

[11] 吴琼.马克思人的全面发展理论及其在中国发展进程研究[D].长春:吉林农业大学,2018.

[12] 朱熹.四书章句集注(卷十三)[M].北京:中华书局,1983:362.

[13] 程颐.河南程氏遗书(卷十九)[M].朱熹编.北京:商务印书馆,1935:276.

[14] 梁秋英,孙刚成.孔子因材施教的理论基础及启示[J].教育研究,2009(11):87-91.

[15] 张晓峰.多元智能实验:美国的实践、经验与效果[J].全球教育展望,2002(9):31-34.

[16] 刘保存.全人教育的兴起与教育目标的转变[J].比较教育研究,2004(09):17-21.

[17] 中华人民共和国教育部.国家中长期教育改革和发展规划纲要[EB/OL].http://old. moe. gov. cn/publicfiles/business/htmlfiles/moe/info _ list/201407/xxgk_171904.html.

[18] 习近平.决胜全面建成小康社会 夺取新时代中国特色社会主义伟大胜利——在中国共产党第十九次全国代表大会上的报告[EB/OL]. http://politics.gmw.cn/2017-10/27/content_26628091.htm. 2017-10-27.

[19] 中共中央、国务院印发《中国教育现代化2035》[EB/OL]. http://www.gov.cn/zhengce/2019-02/23/content_5367987.htm. 2019-02-23.

[20] 关于深化教育教学改革全面提高义务教育质量的意见[EB/OL]. http://www.moe.gov.cn/jyb_xxgk/moe_1777/moe_1778/201907/t20190708_389416.html.2019-06-23.

[21] 赵玉成.守真有恒:探源上海课改30年[J].上海教育,2018(9B):23-29.

[22] 李帆.未来教育的挑战和抉择[J].人民教育,2014(2):24-28.

[23] 乔锦忠.当前基础教育改革中的两个主要障碍[J].人民教育,2007(18):23-25.

[24] 邬志辉.学校特色化发展的重新认识[J].教育科学研究,2011(3):26-37.

[25] 别敦荣.论大学发展战略规划[J].教育研究,2010(8):36-39.

[26] 杨九俊.学校特色建设:"寻找属于自己的句子"[J].教育研究,2013(10):29-36.

[27] 高书国.中国特色世界先进水平优质教育的时代内涵[J].人民教育,2019(6):35-38.

[28] 翟博.新时代教育工作的基本指针[N].中国教育报,2019-09-16(1).

[29] 刘复兴.论新时代我国基础教育的结构性变革[J].教育研究,2018(10):57-63.

[30] 刘利民.走内涵式综合改革之路[J].人民教育,2013(10):10-15.

[31] 杨东平.高中阶段的社会分层和教育机会获得[J].清华大学教育研究,2005(3):52-59.

[32] 骈茂林.教育综合改革的内涵与推进策略[J].当代教育科学,2011(20):47-49.

[33] 万伟.课程的力量[M].上海:华东师范大学出版社,2017:85.

[34] 陈子季,等.区域教育综合改革[M].北京:教育科学出版社,2018:52.

[35] 王玉国.特色学校建设应有精准"坐标"[N].中国教育报,2014-07-02(10).

[36] 保尔·郎格郎.终身教育引论[M].北京:中国对外翻译出版公司,1995:87.

[37] 赵茜,冯晋婧.如何认识和评估学校特色[J].当代教育科学,2011(14):8-11.

[38] 李旭,王强.论学校特色要素及其判断标准[J].教育发展研究,2019(6):79-84.

[39] 赵茜,冯晋婧.如何认识和评估学校特色[J].当代教育科学,2011(14):8-11.

[40] 龚春燕,等.中小学特色学校评价的思考[J].人民教育,2009(3-4):32-36.

后　记

在中国大地,正在崛起"特色教育"热潮,这是一个可喜的现象。华东师范大学终身教授钟启泉曾撰文指出,当教育者谋求自身事业的特色化的时候,就意味着教育者主体意识的觉醒,这是真正的教育繁荣和振兴的开始。历史和实践已经证明,上海市、浙江省、江苏省等许多发达地区早在很多年前就推崇个性化教育、差异教育,省教育行政部门制定教育特色化发展政策,开展各种不同的教育特色化研究实验,使省域整体教育发展走在全国前列,促进了各级各类人才和拔尖创新人才的大量涌现。这些省份各级各类教育的优质均衡发展又反哺经济社会繁荣发展,经济社会繁荣发展又加快了教育现代化发展进程。近年来,山东省意识到中小学学校文化建设的重要性。2005年,山东省通过"十一五"规划重点课题"学校文化与特色建设研究",以课题研究推进全省中小学开展教育特色化发展研究与实践,在推进县域教育特色化发展研究中取得了一定经验;在此基础上,又确立"山东省推进县域教育特色化发展研究"重大招标课题,旨在通过重大招标课题的形式,通过深化基础教育综合改革,全面推进县域教育特色化发展。这充分说明山东省对教育特色化发展的重视,体现了山东教育工作者主体意识的觉醒和行动自觉。

推进区域教育特色化发展是一种基础教育发展重大战略,是山东省对所管辖市县(区)学校如何发展所做出的战略安排,这一命题的提出,必有其时代背景。习近平总书记在第二十九个教师节向广大教师致慰问信,希望广大教师"为发展具有中国特色、世界水平的现代教育做出贡献"。这为我国教育确定了"发展具有中国特色世界水平的现代教育"的理想、方向和目标。推进教育特色化发展是基础教育发展的必然趋势,也是发展素质教育、落实立德树人根本任务的必然选择。

当前,我们对教育形势宏观分析有两个观点。从国家角度来看,它是处于第二次重大转折。第一次重大转折,是把中国从一个人口资源大国转变为一个人力资源大国。简单地说,就是我国在20世纪末实现了"普九"(普及九年制义务教育),到21世纪初,我国又完成了"两基"(基本实施九年义务教育和基本扫除青壮年文盲)攻坚的最后任务,使整个未来劳动者平均受教育的年限提高到

11年，超过了世界平均水平。我们从一个人口负担很重的国家，变成了一个人力资源大国。现在国家提出第二次战略转移，就是从人力资源大国转变成人力资源强国。从教育角度来看，教育发展处在一个新的历史起点，它有一个重要的标志，就是中国教育的发展进入由以数量发展为主转变为以质量提高为主的新的历史时期。这是中国教育发展的战略转变。在这两大背景之下，特色学校的建设与发展显得尤为重要。因为特色学校在很大程度上可以让所有的学校都激发起办学的活力，必将有助于大面积地提高教育教学的质量。因此，倡导创办与发展特色学校，是实现这两个转折或者是说适应这两个转折的一项重要的策略、措施。

《国家中长期教育改革和发展规划纲要（2010—2020年）》指出："树立以提高质量为核心的教育发展观，注重教育内涵发展，鼓励学校办出特色、办出水平，出名师，育英才。"这为推进县区教育特色化发展提供了政策依据。以县为主推进学校特色化发展是国家继学校重点化发展和均衡化发展之后的一种新的学校发展战略。我们要以县为主推进学校特色建设，通过推进教育特色化发展研究，解决教育"同质化"问题，推动区域人才培养模式变革，促进区域教育走向优质均衡发展，促进基础教育走向世界。

推进县域教育特色化发展和特色学校建设要遵循教育的性质、学段特点和发展规律，要符合区域、学校和学校所在社区的客观条件和要求，否则，如果强求教育特色，扭曲了教育个性，就成了"反教育特色"。那么，究竟如何进行特色教育建设呢？钟启泉教授指出，教育特色建设应从本质上着眼。他认为，特色教育是"多元主义"教育价值观的体现，特色教育是个性化的教育，特色教育是对特定社区生活的超越，特色教育建设应把人的个性发展和全面发展整合起来。因此，教育特色化发展的实质不仅是追求学生的个性，更为重要的是学生个性的全面发展。也就是说，推进教育特色化发展是推进教育现代化，破解新时代教育发展基本矛盾和主要矛盾的根本策略，也是创造适合每个学生发展教育的根本路径，是实现美好教育理想的必由之路。

习近平总书记指出，人民对美好生活的需要，就是我们的奋斗目标。这也为新时代教育战线的奋斗者建设和发展美好教育指明了方向。山东省通过推进县域教育特色化发展研究，推进教育强省建设，在实现教育现代化和美好教育理想进程中迈出了可圈可点的一步。

本书中所运用的"美好教育"概念，具有特定的意义。对于什么是美好教育？我们课题组认为，美好教育从形态上，可以定义为县域教育特色化发展的教育，或说美好教育是"省域统筹、县域主导"推进区域教育特色化而实现优质均衡发展的教育。通过以县为主推进教育特色化发展,为不同受教育群体提供既平衡又充分发展的教育,不断满足县域人民群众日益增长的对美好教育生活的需要。

我们出版山东省重大招标课题重要研究成果《美好教育之道:县域教育特色化发展研究》,是山东省基础教育领域一件大事、喜事。这部著作的出版必将推动山东教育大省实现优质教育再上一个新台阶。首先要感谢山东省教育科学研究院的各位领导和有关单位的专家给予了大力指导和帮助,尤其是战略研究所所长曾庆伟博士,以及北京师范大学博士生导师袁桂林教授,临沂大学社科处处长、博士生导师李中国教授,中国海洋大学孙艳霞教授等,在开题论证、中期答辩等诸环节给予了我们许多专业化、建设性的指导,在此表示由衷感谢。在课题研究、专题调研过程中,得到了临沂市沂南县、莒南县、五莲县,日照市东港区、兰山区、罗庄区,青岛市市南区、市北区,滨州市、聊城市等相关市县(区)教育行政部门的大力支持;尤其是沂南县教科研中心王绪合主任、高明主任,沂南县各实验学校薛克传、陈洪州、张秀德、王守江、刘玉军、赵以祥、李守峰、唐加强等校长和老师,日照市兰山区的周鲁宁校长、王立胜主任,罗庄区的王存金主任,以及五莲县教育局庞绪生科长、日照东港区教育局李晔主任等,都付出了很多智慧和劳动。在此一并致谢。最后,本书的出版得益于中国海洋大学出版社的大力支持,在此深表谢意!

由于作者水平有限,书中不足之处在所难免,恳请各位专家和读者批评指正。

作者
2019 年 12 月